Margarethe Zelenka/Botschaften der Liebe

Margarethe Zelenka

Botschaften der Liebe

VERLAG FREYA

© Verlag Freya Unterweitersdorf
1. Auflage 1993
ISBN 3-901279-21-0
Satz: Fritz Fellner, Freistadt
Druck: Print Trade
Das Titelbild stammt vom spirituellen KünstlerMarc Thomas Merz

Inhalt

Mein geistiges Erwachen

Leider verhielt es sich mit meiner geistigen Entwicklung so wie bei den meisten Menschen: Solange es dem Menschen gut geht, denkt er weder an Gott noch an seine geistige Entwicklung. Erst in der Not greift man wieder auf ein bewährtes Mittel seiner Kindertage zurück: Das Gebet.

Obwohl ich ein geistiges Fundament besaß, bedingt durch eine religiöse Erziehung, trat mein Glaube immer mehr in den Hintergrund, und ich lebte wie die meisten Menschen: Mein Alltag war geprägt durch familiäre und berufliche Probleme. Um mein Gewissen zu beruhigen, ging ich mehr oder weniger regelmäßig in die Kirche.

Schon zu diesem Zeitpunkt tauchten immer mehr Fragen über den eigentlichen Sinn und Zweck unseres Erdenlebens auf, die mir niemand befriedigend beantworten konnte und ich verdrängte sie wieder, da mich der Alltag sehr in Anspruch nahm.

Erst durch zwei Todesfälle in meinem engsten Familienkreis wurde ich auf unsanfte Art aus meiner geistigen Lethargie gerüttelt. Ich reagierte wie die meisten Menschen es in diesem Falle tun, mit Verzweiflung und Trauer. Ich fragte mich, warum gerade mir eine so schwere Prüfung auferlegt würde.

In der Folge wurde ich körperlich und seelisch sehr krank. Am Höhepunkt dieser Leidenszeit konnte ich meinen Beruf nicht ausüben, da mir jede Bewegung Schmerzen verursachte, die auf keine medizinische Behandlung ansprachen. Ich war, wie man sagt, am Ende.

Um mich abzulenken, las ich während dieser Zeit hunderte esoterische Bücher, in der Hoffnung, etwas zu entdecken, das das Leben für mich wieder lebenswert machen könnte. Langsam bestätigte sich in mir die Erkenntnis, die ich schon lange in mir trug, wenngleich verschüttet, daß:

- Der Schöpfer, an den ich seit meinen Kindertagen glaubte, tatsächlich existiert
- Nur der materielle Körper vergänglich ist, während der geistige Anteil des Menschen ewig lebt
- Daß wir vor unserer jetzigen Existenz schon wiederholt gelebt haben

– Die Erde in der jetzigen Form nicht mehr lange bestehen wird, und daß es für mich höchste Zeit wäre, mein Leben grundlegend zu ändern und mich Gott zuzuwenden.

Leider war zunächst unter diesen vielen Büchern, die ich im Laufe der Zeit gelesen hatte, nicht eines, mit dessen Aussagen ich vollkommen übereinstimmen konnte. Jedes legte ich am Ende wieder enttäuscht zur Seite. Zuletzt war ich echt verzweifelt, und ich bat und flehte im Gebet, mir doch die Wahrheit zu zeigen. Ich versprach gleichzeitig, falls ich sie finden würde, ein besserer Mensch zu werden.

Und dann geschah es:

Ich hatte durch meine wochenlange Krankheit viel Zeit in meinem Beruf verloren und fürchtete, daß die Geduld meiner Vorgesetzten bald am Ende wäre. So überwand ich mich trotz meiner Schmerzen und schleppte mich in meine Dienststelle.

Dort erwartete mich eine liebevolle Kollegin, die mir ihr Mitgefühl zeigte und erklärte, daß sie am Vortag, gemeinsan mit mehreren anderen, für mich gebetet habe. Mir kamen die Tränen. Ich war tief gerührt darüber, daß es in dieser Zeit der Ichsucht und des Materialismus noch Menschen gibt, die für den anderen beten. Meine Seele war tief berührt.

Am nächsten Tag ging ich in eine Buchhandlung. In der Mitte des Raumes stand ein Korb. Ein schwarzer Buchdeckel mit roter Schrift: "Das Ende ist da!" fiel mir ins Auge. Fasziniert griff ich zu. In mir wurden die Alpträume, die ich seit meinem 7. Lebensjahr hatte, und in denen ich immer wieder den "Weltuntergang" sah, lebendig.

Ich las die ganze Nacht. Es war ein schreckliches Buch. Der Autor behauptete, daß das Ende der Welt unmittelbar bevorstünde und er genau wisse, wie sich alles abspielen würde, denn er sei entrückt worden. Das Buch wühlte mich bis in das Innerste meiner Seele auf, allerdings enthielt es einen, für mich schon damals ersichtlichen, groben geistigen Irrtum.

Völlig erschöpft und erschüttert kam ich am nächsten Tag an meine Arbeitsstelle. Meine liebevolle Kollegin erkannte meinen Zustand und fragte besorgt: "Greti, was ist mit dir?" Ich erzählte ihr von meiner nächtlichen Lektüre, und sie meinte: "Warum liest du solche Bücher?" "Weil ich endlich die Wahrheit wissen will", brach es unter Tränen aus mir heraus. Sie sah mich prüfend an und sagte dann nach einer Pause: "Warte, ich bringe dir morgen ein anderes Buch."

Sie hielt Wort. Am nächsten Tag legte sie mir ein kleines, schmales Buch in die Hand. Schon nach den ersten Seiten erkannte ich, daß es genau das war, wonach ich seit vielen Jahren gesucht hatte.

Alles was ich ahnend in mir trug, wurde bestätigt. Von Wesen, die in ihrer Entwicklung weit über uns Menschen stehen: *Boten Gottes, die in seinem Auftrag und im Auftrag Christi wirken.* Um sich den Menschen mitzuteilen, benützen sie einen menschlichen Mittler, ein Medium.

Aus jeder Seite des Buches strahlte mir Liebe entgegen.

Ich suchte mir die Herausgeberin des Buches aus dem Telefonbuch und rief sie an, um mir von ihr die Art der Übermittlung des Buchinhalts erklären zu lassen. Ich spürte Liebe, die mir entgegenflutete, als sie mir, dem Neuling, geduldig und mit einfachen Worten, die grundlegenden Sachverhalte erklärte.

Wenig später waren meine Schmerzen weg. Meine Dankbarkeit Gott gegenüber war groß, und ich bat meine liebe Kollegin, mich doch weiter in dieses wunderbare Wissen, das von den Gottesboten übermittelt wird, einzuweihen. Ich wurde zu jener geistigen Quelle der Wahrheit und Liebe geführt, aus der der Inhalt des Buches stammte, das mein Leben so wunderbar verändert hatte. Ich lernte Menschen kennen, die sich bemühten, die Ratschläge der geistigen Lehrer in die Tat umzusetzen, und ähnlich wie die Urchristen in der Nachfolge unseres Herrn und Erlösers zu gehen.

Mein Leben hat sich seither zum Positiven gewandelt. Mit der Hilfe liebevoller Mitmenschen, vor allem aber mit der Hilfe der geistigen Welt, gelang es mir (wie ehemals Münchhausen), mich (am eigenen Zopf) aus dem Sumpf meines Schlamassels, in das ich hineingeraten war, wieder herauszuziehen. Seither bin ich ein glücklicher, zufriedener Mensch.

In tiefer Dankbarkeit und Liebe möchte ich das kostbare geistige Gut, das mich aus schwerer Trübsal und Pein befreite, mit menschlichen Worten an meine lieben Menschengeschwister weitergeben. Möge es ihnen, so wie mir, zum Heil und Segen werden!

MARGARETHE ZELENKA

Der Tod ist nicht das Ende

Eine Blinde überlebt ihren klinischen Tod und sieht ins Jenseits
Eine 34jährige New Yorker Juristin, die seit ihrem zweiten Lebensjahr blind war, mußte sich einer Mandeloperation unterziehen. Während der Narkose kam es zu einem Zwischenfall, mit dem man normalerweise bei einem solchen Eingriff nicht rechnet: Ihr Herz stand für 80 Sekunden still, die Gehirntätigkeit setzte ebenfalls aus. Sie war klinisch tot!
Den Ärzten gelang es, sie wieder ins Leben zurückzuholen, und mit ungläubigem Staunen hörten sie den Bericht der Blinden:
"Plötzlich war ich weg und hörte wie aus weiter Ferne leise Musik. Dann sah ich meinen Körper regunglos auf dem Operationstisch liegen. Ich sah den Arzt, der mit beiden Händen rhythmisch auf meinen Brustkorb drückte, und die Operationsschwester, die mir eine Maske aufs Gesicht setzte. Ich, die Blinde, konnte sehen! Es war mir klar, daß ich tot sein mußte, aber ich war bei diesem Gedanken keineswegs entsetzt. Im Gegenteil, ich war glücklich, so unendlich glücklich, wie nie zuvor. Eine tiefe Ruhe überflutete mich. Während man sich um meinen toten Körper bemühte, sah ich mir den Operationssaal an, betrachtete den Arzt, die aufgeregte Operationsschwester. Sehen, sehen, sehen, ich konnte sehen. So wunderbar konnte das Jenseits nur für einen blinden Menschen sein! Plötzlich verschwamm alles, wurde grau, dann schwarz."
Die Blinde hatte völlig korrekt den Operationssaal, aber auch die Kleidung der Ärzte und Schwestern beschrieben.
Ein Protokoll wurde aufgenommen. Wissenschafter prüften das Jenseitserlebnis der Blinden und kamen zu dem Ergebnis: Irma Douma, die völlig blind ist, hatte während ihres klinischen Todes tatsächlich sehen können.
Ist dieser Bericht ein Märchen, Ausgeburt einer Halluzination? Nein, dies ist ein Vorfall unter tausenden ähnlichen Fällen. Menschen wie Du und ich, quer durch alle Alters-, Gesellschafts- und Bildungsschichten, Weltanschauungen und Konfessionen durften für kurze Zeit einen Blick in die jenseitige Welt tun.
Lieber Bruder, liebe Schwester, vielleicht ahnst Du, daß diese Nachricht Dein ganzes Leben verändern kann!

Sie ist für all jene bestimmt, die ein großes Herzeleid tragen, weil ein lieber Mensch von ihnen gegangen ist und sie meinen, ihn für immer verloren zu haben, für alle, die um das eigene oder das Leben eines anderen bangen, weil eine Krankheit sie bedroht:

Freut euch und jubelt, den sogenannten Tod gibt es nicht!

Das, was wir bisher nur erahnen und glauben konnten, wird nun zur sicheren Gewißheit und ist von glaubwürdigen Wissenschaftern belegt.

Die gute Nachricht gilt aber auch für Euch, die Ihr meint, auf der Schattenseite des Lebens zu stehen, weil Ihr glaubt, zu kurz gekommen zu sein bei der Verteilung der Güter dieser Erde, für Euch, die Ihr unter der Ungerechtigkeit der Menschen leidet. Haltet durch, ihr werdet entschädigt werden! Ihr werdet erkennen dürfen, daß in der anderen Welt andere Kriterien von Wert sind als während des irdischen Lebens.

Nicht Reichtum, Macht, Ansehen sind wichtig, sondern allein der Zustand unserer Seele und die Werke der Liebe!

Gerne würde so mancher, der durch das dunkle Tor schreitet, das Rad der Zeit nur ein wenig zurückdrehen, um all das einzutauschen, woran sein Herz während des irdischen Lebens in Verblendung hing, gegen das, was drüben wirklich zählt:

Eine reine Seele, offene Augen für die Not anderer und ein liebevolles Herz! Allein, die Reue kommt zu spät. Wenn einmal der Vorhang fällt, vermag niemand sein Leben auch nur um eine Sekunde zu verlängern.

All diejenigen, denen es gestattet war, für kurze Zeit nach drüben zu sehen, sind seither nicht mehr dieselben. Dieses Erlebnis hat ihre bisherige Einstellung völlig verändert. Sie wissen nun, worauf es wirklich ankommt in unserem irdischen Leben, und vor allem haben sie die Furcht vor dem irdischen Tod verloren. Gerne wären sie für immer in der jenseitigen Welt geblieben, doch es wurde ihnen gesagt, daß ihre Zeit noch nicht gekommen sei, da sie noch eine Aufgabe in ihrem irdischen Leben zu erfüllen hätten.

Für mich ist der Beweis eines Weiterlebens nach dem Tod durch vier Tatsachen erbracht:

Sterbeforschung von Dr. Kübler-Ross und Dr. Raymond Moody
Menschen, die bereits klinisch tot waren und reanimiert wurden, berichteten übereinstimmend von ihren jenseitigen Erlebnissen, egal welchem Kulturkreis oder welcher Konfession sie angehörten. Das Bewußtsein funktioniert sogar besser als im Normalzustand. So konnten Blinde sehen, Taube hören, als Beweis wurden Gespräche zwischen Ärzten und Pflegepersonal wiedergegeben, es wurde von Ereignissen berichtet, die sich erst nachträglich als wahr herausstellten, wie z.B. der Tod eines nahen Angehörigen.

Außerkörperliche Erlebnisse (Robert Monroe)
Manche Menschen können bewußt ihren Körper verlassen. In diesem Zustand erfolgt eine Begegnung mit anderen, feinstofflichen Wesen, u.a. auch mit Verstorbenen. Monroe machte mit freiwilligen Testpersonen wissenschaftliche Laborversuche. Durch Abspielen bestimmter Tonfrequenzen konnten alle ihren materiellen Körper verlassen. Sie besuchten in diesem Zustand andere Personen an weit entfernten Orten und berichteten über deren Tätigkeit zu diesem Zeitpunkt, was von diesen nachträglich auch bestätigt wurde.

Beweis mit Hilfe der Quantenphysik
Prof. Moser von der technischen Universität in Graz bewies mit Experimenten der Quantenmechanik, daß das menschliche Bewußtsein eine Energie darstellte, die niemals verlorengeht und unabhängig vom Körper existiert. (Siehe Artikel im "Standard" 30. März 1991) Prof. Moser: "Es gibt eine Ewigkeit und zwar keineswegs eine gedachte, sondern eine naturwissenschaftlich erklärbare."

Verbindung mit feinstofflichen jenseitigen Wesen über Mittler (Medien)
Diese Verbindung besteht, seit Menschen auf dieser Erde leben. Obwohl die Forschungen auf völlig unterschiedlichen Grundlagen basieren, kommen alle zum Ergebnis:
Der Tod ist nicht das Ende!

Die andere Seite der Wirklichkeit

Wir Menschen des Computerzeitalters, an der Schwelle zum 3. Jahrtausend, sind gewohnt, alle Vorgänge um uns kritisch und nüchtern zu betrachten und zu beurteilen. Wir lassen im allgemeinen nur das gelten, was wir mit unseren Sinnen erfassen können. Was über unseren Horizont hinausgeht, überlassen wir der Beurteilung der Wissenschaft, die ebenfalls nur sinnfällige Betrachtungen gelten läßt. Dabei ist nicht zu leugnen, daß durch genaue Beobachtung und eifriges Forschen auf vielen Gebieten beachtliche Fortschritte erzielt werden konnten:

Unser Wissensstand hat sich in den letzten 50 Jahren vervielfacht, die Lebenserwartung stieg dank der Erkenntnisse der Medizin sprunghaft an, die Welt wurde dank der Verbesserung des Kommunikations- und Verkehrswesens überschaubarer, und nun sind wir dabei, nach den Sternen zu greifen und in den Weltraum vorzustoßen, wie der letzte Präsident der Vereinigten Staaten von Amerika stolz verkündete. Aber abgesehen davon, daß wir überall an die Grenzen des Wachstums stoßen, wie wir es bei vielen Problemen täglich erleben können (Verkehrs-, Umwelt-, Klimaprobleme), zeigen sich in zunehmendem Maße Phänomene, die wir mit unseren herkömmlichen Methoden nicht erklären können und wo alle Weisheit und Aufgeklärtheit der modernen Wissenschaft versagt.

Immer häufiger hören oder lesen wir von Menschen, die eine Begegnung mit der jenseitigen Welt hatten, die normalerweise für die meisten von uns verschlossen, aber deswegen nicht weniger real ist. Es handelt sich hier um die andere Seite der Wirklichkeit, von der es in Wahrheit keine Trennung gibt. Es ist unser menschlicher Zustand und die Bedingungen der grob-stofflichen Materie, die uns den Blick trüben. Nur wenigen von uns ist es gestattet, hinter den Spiegel zu sehen und die verborgene Wirklichkeit zu entdecken.

"Wunder" während einer Herzoperation

Die Begebenheit ereignete sich in Schweden, in der Stadt Kalmar. Dr. Sigurd Hilding, Krankenhaus-Chefarzt, hatte am 11. Dezember 1985 ein Erlebnis, an das er sich mit außergewöhnlicher Skepsis erinnert. Er erzählt uns:

Wären nicht einige Kollegen bei mir gewesen und hätten sie dieses Ereignis nicht selbst mit eigenen Augen gesehen, ich würde an meinem gesunden Menschenverstand zweifeln. Ja, ich hätte mich schon längst in psychotherapeutische Behandlung begeben, denn ich müßte doch annehmen, meine Sinne gaukelten mir etwas vor!

Es war Mittwoch, der 11. Dezember 1985, ein "Großkampftag" im Operationssaal. Seit sieben Uhr früh stand ich im Einsatz, zusammen mit drei Assistenten und vier Operationsschwestern. Es ging, wie fast immer, alles ganz planmäßig und reibungslos vor sich.

Als es nahezu elf Uhr war, wurde ich sehr müde. Für elf Uhr war aber der komplizierteste Fall dieses Tages angesetzt, ein Eingriff am offenen Herzen.

Dennoch ging bei diesem Patienten, einem Mann, alles genau nach Plan. Ich nahm das Skalpell und war in meiner Vorstellung bereits im Begriff, den riskantesten Schnitt zu tun, als plötzlich ein Geräusch wie von vielen hellen Glöckchen ertönte. Ich konnte mir das nicht erklären, es klang dann wieder wie ein Surren, ein Läuten; jedenfalls hatte ich so etwas in meinem ganzen Leben noch nie gehört.

Wir alle waren sprachlos, doch ich wandte mich mit dem Skalpell in der Hand, wieder dem Patienten zu. Wiederum versuchte ich, jene Schnittstelle zu erreichen, die ich mir im Geiste vorgestellt hatte. Abermals wollte ich zu dem Schnitt ansetzen, der mir als der riskanteste erschien, aber ich konnte nicht, mein Arm war wie gelähmt. Ich konnte das Skalpell kaum halten.

Wieder ertönte dieses Geläute aus vielen Glöckchen. Oder war es ein Surren? Nein, es war ein anderer Ton. Ich konnte keinen klaren Gedanken fassen, konnte nicht erkennen, welche Töne es waren, obwohl ich mit Musikinstrumenten vertraut war.

Wir sahen einander an. Ich wollte und konnte die Operation nicht durchführen.

Wir suchten alles ab, konnte aber nirgends etwas finden. Zuletzt richteten wir unsere Blicke auf die Decke und - eiskalt rieselte es mir den Rücken hinunter vor Schreck, es war ein richtiger Schock!

Was wir alle erblickten, war einzigartig in meinem bisherigen Leben: Sechs Engelsgestalten, herrlich weiß gekleidet, mit Flügeln, an der Decke. Wie

Brillanten glitzerte ihre Kleidung, und dieses Licht leuchtete uns an. Ich dachte gar nicht mehr an meinen Patienten. Meine ganze Kraft und Aufmerksamkeit galt nur den Engeln. Ihre herrliche Kleidung, ihr lieblicher Duft, der sich ringsum verbreitete!

Da kam eine Stimme, aber was für eine Stimme! Ich hatte solch eine Stimme noch nie gehört. Meine Assistenten und die Krankenschwestern auch nicht. Sie war süß, hell, rein und klingend, ich kann sie nicht wiedergeben. Aber den Inhalt merkte ich mir. Die Stimme sprach zu mir: "Fast hättest du einen entscheidenden Fehler gemacht: Wenn du so geschnitten hättest, wie du es vorhattest, dann wäre der Patient verblutet! Doch jetzt mach weiter, sonst stirbt der Mann!"

Wie von Sinnen drückte ich das Skalpell auf das Herz des Patienten; allein, mir wurde jede Kraft genommen, und das Skalpell bewegte sich ohne meinen Willen, ohne mein Zutun. Wie in Trance kam ich mir vor, obwohl ich Trance vorher niemals erlebt und mit diesen Dingen nichts zu tun hatte. Die Operation gelang vorzüglich."

Freimütig erzählte der Chefarzt weiter: "Mir ist es ganz gleich, wer die Operation ausgeführt hat, Hauptsache, sie ist gelungen!"

Am selben Tag, nachdem diese Operation beendet war, fühlte sich der Chefarzt Dr. Hilding ungemein erleichtert, wohl und harmonisch, schildert er. Solch ein Lebensgefühl hatte er noch niemals in seinem doch sehr abwechslungsreichen Erdenleben empfunden. Das könne er mit Worten nicht wiedergeben.

"An diesem Großkampftag wurden die noch ausständigen Operationen abgesagt", erzählt er weiter. "Man diskutierte untereinander, man hielt die Operationstüren geschlossen, und eine Krankenschwester sagte laut: "Was wir erlebten, ist einzigartig. Wem können wir es denn erzählen?"

Einer meiner Assistenten antwortete: "Das können wir niemandem erzählen, sonst hält man uns ja für verrückt, und wir müssen daraus die Konsequenzen ziehen. Bedenkt das doch!"

Nach vielen langen Diskussionen einigten wir uns, daß wir niemand von diesem Ereignis erzählen dürften.

So gingen sie auseinander, um am nächsten Tag wieder ihre Pflicht zu erfüllen.

An einem der nächsten Tage fügte es sich so, daß dem Chefarzt Dr. Hilding sein Freund, der Psychologe Dr. Carlson, über den Weg lief.

Sie begannen ein Gespräch, und die Schutzgeister der beiden brachten geschickt das Gespräch in die Nähe dieser Themenkreise.

Als dann der Höhepunkt erreicht war, fühlte sich der Chefarzt Dr. Hilding so richtig bedrückt, belastet. Jetzt konnte er nicht mehr anders: Er erzählte seinem Freund, dem Seelenforscher Dr. Carlson, alles frei von der Leber weg, was er erlebt hatte und was ihm so viel zu schaffen gemacht hatte. Da fühlte er sich plötzlich frei, glücklich und geborgen.

Nun hing er, wie er selbst berichtet, an den Lippen des Freundes: Wie würde dieser reagieren? Würde er ihn auslachen? Würde er ihn für verrückt erklären? Sollte er in psychotherapeutische Behandlung zu ihm kommen? Solche wirren Gedanken schossen durch seinen Kopf. Aber sein Freund reagierte anders als erwartet:

"Was du, lieber Freund, erzählst, ist überhaupt nichts Ungewöhnliches. So etwas bringen mir meine Patienten viele Male vor, in dieser oder jener Form." Er erzählte ein wenig davon. Sie alle sagten: "Wissen Sie, Herr Doktor, ich muß das bei mir behalten, sonst nehmen mich die Ärzte und die Mitmenschen nicht für voll. Aber Ihnen kann ich es ja erzählen!"

Dr. Carlson sprach weiter: "Du erwartest jetzt von mir eine Erklärung, warum das bei dir im Operationssaal geschehen ist. Mein lieber Freund, eine solche Erklärung kann ich dir nicht geben. Aber eines kann ich: dich trösten und sagen: Ist es nicht wundervoll, wenn himmlische Wesen kommen und dir und anderen Operateuren beistehen, wenn es um Leben und Tod geht? Begib dich ruhig in ihre Führung, und wenn sie wiederkommen, sei nicht widerstrebend, sondern gib ihnen freiwillig alles!"

Nach einigen Gesprächen gingen sie auseinander. Der eine glücklich und erleichtert, der andere um eine Erfahrung reicher – nämlich daß diesmal ein Chefarzt den Eingriff der Engelswelt erlebt hat. Denn er hielt sehr große Stücke auf seinen Freund Dr. Hilding.

Diese Geschichte ist kein modernes Märchen, sondern nur eine von vielen Begebenheiten, wie sie sich heute des öfteren ereignen, um den Menschen einen sichtbaren Beweis von der Existenz einer jenseitigen Welt zu geben. Außerdem soll der Menschheit gezeigt werden, daß trotz der fürchterlichen

Zustände, die auf der Erde herrschen, und der Dunkelheit, die uns umgibt, wir niemals alleingelassen sind. Wesen, die in ihrer geistigen Entwicklung weit über uns Menschen stehen, sind stets gerne bereit, helfend einzugreifen, wenn wir sie darum bitten.

Zusammenfassend sage ich Ihnen, es gibt Vorgänge um uns, die sich unserem Wahrnehmungsbereich entziehen, weil wir sie mit unseren Sinnesorganen nicht erfassen können, obwohl sie völlig real sind. ("So gibt es manche Sachen, die wir getrost belachen, weil uns're Augen sie nicht seh'n.") Wir Menschen können nur einen winzigen Ausschnitt der tatsächlichen Realität aufnehmen. Alles, was sich außerhalb (jenseits) unseres Wahrnehmungsbereiches abspielt ist das **Jenseits.**

Obwohl wir mit unseren Sinnesorganen normalerweise nur die Vorgänge erfassen können, die sich auf der materiellen Ebene, **Diesseits,** ereignen, sind wir trotzdem auch Bürger der jenseitigen Welt, durch unser Gedanken- und Gefühlsleben und durch das Schöpferische in uns, das uns deutlich von allen anderen irdischen Geschöpfen unterscheidet.

Die Wesen der jenseitigen Welt

Eine der wichtigsten Erkenntnisse, die zwar in großem Umfang in der offiziellen Wissenschaft noch nicht Eingang gefunden hat, aber von einigen ihrer Pioniere schon klar vertreten wird, ist, daß *unser Bewußtsein nicht an unseren Körper gebunden ist, sondern unabhängig davon funktioniert.* (siehe Univ.Prof. Moser von der Uni Graz).

Es ist daher sicher, daß es Wesen gibt, die aufgrund unterschiedlicher Schwingungsverhältnisse, jedes Wesen besitzt eine ihm eigene Schwingung, um uns leben, aber von den meisten Menschen nicht wahrgenommen werden können.

Wir alle sind ständig von Wesen der verschiedensten Entwicklungsstufen umgeben, wobei wir aufgrund des Ähnlichkeitsgesetzes jene anziehen, die eine uns ähnliche Schwingung haben.

Wesen des Lichtes – Geisterwelt Gottes

Sie handeln nach dem geistigen **Solidaritätsgesetz**, was besagt, daß der Höherentwickelte dem weniger Entwickelten in Liebe dienen soll. Daher sind sie stets bereit, uns helfend beizustehen, wenn wir sie darum bitten (Gesetz des freien Willens). Nur in Ausnahmefällen, z.B. wenn das Leben des Menschen in Gefahr ist, erfolgt die Hilfe unaufgefordert oder wenn den Menschen der Beweis von der Existenz einer jenseitigen Welt gegeben werden soll. Da wir in der Zeit der Wende leben, geschieht dies immer häufiger.

Falsche Adresse rettete Vater das Leben

Ein junger Arzt nahm eine Urlaubsvertretung an. Die Ordinationshilfe steckte ihm einen Zettel mit der Adresse einer alten Patientin zu, die er besuchen sollte. Aufgeregte Menschen erwarteten ihn und führten ihn zu einem bewußtlosen Mann, der im Hausflur lag. Mit Schrecken erkannte er seinen Vater, der auf der Straße zusammengebrochen war und einen Herzanfall erlitten hatte.

Erst später erfuhr er, daß ihm die Ordinationshilfe irrtümlich eine falsche Adresse angegeben hatte. Ein lichtes Geistwesen mußte sie ihr diktiert haben.

Hilfe bei der Reifeprüfung

Eine Maturantin stand vor ihrer Reifeprüfung. Am nächsten Tag war Deutsch-Matura, und dieser Gegenstand bereitete ihr Kopfzerbrechen. Welches Thema würde kommen? Vor Angst konnte sie nicht einschlafen. In ihrer Not bat sie im Gedanken ihre bereits hinübergegangene Mutter um Hilfe. Im Halbschlaf hörte sie eine Stimme, die ihr sagte, sie solle zum Bücherschrank gehen. Sie tat es und fand auf dem Boden eine Broschüre mit dem Titel: "Ödipus" von Sophokles. Sie las darin fast die ganze Nacht. Am nächsten Morgen lautete das Aufsatzthema tatsächlich: "Ödipus". Keiner der Prüflinge hatte vorher davon Kenntnis.

Natürlich bestand sie die schriftliche Deutsch-Matura mit "sehr gut", da sie bestens darauf vorbereitet war.

Die Zahl der lichten Wesen übersteigt unser Vorstellungsvermögen. Sie wirken im Gesetz und im Willen Gottes und erfüllen die ihnen zugewiesenen Aufgaben. Die geistige Hierarchie umfaßt: Cherubim, Seraphim, Engel, Throhne und Mächte.

Da wir Menschen aufgrund unseres niedrigen Entwicklungsstandes, aber auch wegen der ständigen Versuchungen durch die negative geistige Welt, niemals unsere Lebensaufgabe erkennen und uns geistig höher entwickeln könnten, erhält jeder Mensch zumindest einen geistigen Helfer, seinen Schutzgeist, der ihn durch das Leben begleitet.

Da er uns charakterlich ähnlich, jedoch uns in der geistigen Entwicklung weit voraus ist, kann er uns geistig am besten fördern, indem er uns über unser Gewissen warnt, positive Gedanken eingibt, uns Menschen zuführt, die uns geistig weiterhelfen usw.

Er ist unser bester Freund, da er immer nur unser geistiges Wohl im Auge hat. Er hilft aber auch bei Alltagsproblemen, wenn wir ihn darum bitten. Je besser und inniger wir das Verhältnis zu ihm gestalten, desto spürbarer ist seine Hilfe! Er muß aufgrund geistiger Gesetze jedoch zurücktreten, wenn wir uns durch Gedanken, Gefühle, Worte, Taten der negativen Seite zuwenden .Erst wenn der Mensch seine negative Handlungsweise bereut, kehrt er wieder an seinen Platz zurück.

Unwissende Wesen – arme Seelen

Ihre Zahl ist Legion! Es handelt sich um ehemalige Menschen, die ihren materiellen Körper bereits abgelegt haben. Da sie als Mensch an ein Bewußtsein ohne Körper nicht glauben konnten, aber genau so wie während ihres irdischen Lebens alles wahrnehmen und empfinden können, glauben sie, noch als Menschen zu leben.

Sie befinden sich in einem äußerst unangenehmen Zustand der Verwirrung und Verzweiflung, da ihre Angehörigen und Freunde, deren Nähe sie aufsuchen, überhaupt nicht auf sie reagieren .Sie versuchen dann durch verschiedene Phänomene, wie Spukerscheinungen, Klopfgeräusche usw. auf sich aufmerksam zu machen.

Da sie ja als Geistwesen nicht direkt auf die Materie einwirken können, müssen sie zu diesem Zweck sensitiven Menschen Odkraft entziehen, was für die Betroffenen mit höchst unangenehmen Zuständen verbunden sein kann (Schwäche, unerklärbare Gedanken und Gefühle, Depressionen) Hilfe kann von aufgeklärten Menschen in Form von Gebet gegeben werden!

Wesen der Dunkelheit – dämonische Mächte

Das sind Wesen, die bewußt versuchen, den Menschen zu schaden. Sie dienen dem Herrn der Tiefe – Luzifer. So wie bei der Geisterwelt Gottes gibt es auch hier eine geistige Hierarchie, allerdings eine negative. Die Wesen haben den Auftrag, möglichst viele Menschen auf ihre Seite zu ziehen, und besitzen meist eine hohe, wenn leider auch negative geistige Intelligenz. Ihre Mittel sind Lüge, Täuschung, List, Betrug. Ihr bevorzugtes Angriffsziel sind vor allem Menschen, die sich vorgenommen haben, den geistigen Weg zu gehen. Die Ansicht mancher unwissender Menschen, daß es Luzifer in Person gar nicht gäbe, kommt ihnen besonders gelegen, weil sie dann ungehindert wirken können. (Man kann Gefahren nur wirksam begegnen, wenn man sie kennt!)

Wir müssen mit den Angriffen des Gegensatzes bis zu unserem letzten Atemzug rechnen.

Da sie geistige Wesen sind, bedienen sie sich der Möglichkeit der gedanklichen Beeinflussung (Suggestion), die die meisten Menschen fälschlich als ihre eigenen Gedanken empfinden. Die einzige Möglichkeit, ihren Angriffen standzuhalten, ist die Arbeit an sich selbst, besonders die Gedanken- und Gefühlskontrolle, denn ein Mensch, dem es gelingt, alle seine Untugenden auszumerzen, bietet den negativen Wesen fast keine Angriffsfläche mehr.

Naturgeister

Es handelt sich hier um Wesen, deren Entwicklung sich auf einer anderen Stufe vollzog wie bei uns Menschen. Sie sind in Wirklichkeit die Beleber und Bildner der in der Natur vorkommenden Erscheinungen. Sie bilden und bewegen alle Reiche der Natur. Sie wirken im Wasser, in der Luft, in den Wolken, im Regen, im Sturm, im Gewitter, in den Bewegungen der Erdschichten und Gesteine, im Erdbeben, in den Vulkanen, im Erdinnern und an der Erdoberfläche. Sie bilden und reifen die Früchte der Pflanzen und Bäume.

Das Reich der Elementseelen ist die von der materialistischen Wissenschaft gesuchte Brücke zwischen Tier- und Pflanzenreich zum Menschenreich!

Die Naturgeister haben die Gestalt der Elfen, Gnome, Nixen, Libellen, Kobolde, Vampire, Feen. Wir sehen, daß in den Märchen und Sagen viel Volksweisheit steckt, jedoch ist bei den meisten Menschen unseres Zeitalters der Verstand überbetont, und wir neigen dazu, Berichte hellsichtiger Menschen als bloße Phantasien und Hirngespinste abzutun.

Auch unter den Naturgeistern gibt es eine Trennung zwischen Licht und Dunkel. Sie haben die Aufgabe, den Menschen zu dienen, da sie in ihrer Entwicklung unter ihnen stehen. In vielen Bereichen hat der Mensch durch Raubbau an der Natur und durch Umweltzerstörung diesen Wesen ihren Lebensraum genommen. In diesem Fall mußten sie weichen, und das Ergebnis ist unfruchtbares Gebiet, Steppen und Wüsten.

Kontakte zwischen Diesseits und Jenseits

Der Schöpfer ließ seine Kinder nie im Stich! Kontakte existieren seit Anbeginn der Menschheit. Der Mensch in seiner Unzulänglichkeit wäre niemals alleine imstande, seine Lebensaufgabe zu erkennen und zu meistern. Die Schwierigkeit, eine Verbindung zwischen den beiden Daseinsbereichen herzustellen, besteht in den unterschiedlichen Schwingungsverhältnissen. (Das Jenseits ist ja kein Ort, sondern ein Zustand) Auf der grobstofflichen Ebene gelten völlig andere Naturgesetze wie in den feinstofflichen Bereichen.

Kontakte auf der gedanklichen Ebene
Die einfachste Art der Kontaktaufnahme erfolgt über den feinstofflichen Anteil des Menschen, über seinen Gedanken- und Gefühlsbereich: Jenseitige Wesen übermitteln uns Menschen ihre Gedanken und Gefühle, die von uns aufgenommen und fälschlich als unsere eigenen empfunden werden. Diese telepathische Verbindung wird von allen jenseitigen Wesen benützt, egal welcher Entwicklungsstufe sie angehören. Es werden uns aber nur jene Gedanken bewußt, deren Keime wir in unserem Bewußtsein tragen.

Inspirationen
Erhabenen, lichte, edle Gedanken stammen von der Geisterwelt Gottes. Ihr Ziel ist die Erleuchtung und Höherführung des Menschen. Sämtliche Erfindungen zum Wohle der Menschheit, alle erhabenen Werke der Kunst, egal welcher Art, verdanken ihre Entstehung dieser Quelle.

Suggestionen
sind Beeinflussungen der niederen oder unwissenden Geisterwelt, um den Menschen zu schaden, sie zu täuschen oder auch nur, um auf sich aufmerksam zu machen. Leider ist diese Tatsache den wenigsten bekannt.
Nur in der Gedanken- und Gefühlskontrolle geübte Menschen sind imstande, die Herkunft der gedanklichen Eingaben zu unterscheiden. Aus diesem Grunde ist die geistige Welt genötigt, wenn der Menschheit Botschaften übermittelt werden sollen, sich anderer Möglichkeiten zu bedienen.

Träume

Während des Wachzustandes bilden feinstofflicher und materieller Körper eine untrennbare Einheit, die durch das Lebens- oder Odband miteinander verbunden sind. Im Schlaf jedoch entfernen wir uns aus unserem materiellen Körper und begeben uns je nach unserem Entwicklungszustand in jenseitige Sphären. Dabei bleibt das Odband, das sehr dehnbar ist, intakt. (Unterschied zum Tod, wo es reißt) In diesem feinstofflichen Zustand können die jenseitigen Wesen mit uns sehr gut kommunizieren. Wir sind viel aufnahmefähiger, da die beengenden Hüllen des menschlichen Körpers wegfallen. Je nach der Stärke des Traumerlebnisses bringen wir Erinnerungen in den Wachzustand mit.

Prophetische oder Wahrträume

Sie sollen den Menschen eine Botschaft vermitteln oder vor einer drohenden Gefahr warnen. Diese Möglichkeit wird von den Menschen anerkannt, da sich prophetische Träume schon öfter nachträglich als wahr herausstellten, z.B. wurde das Attentat in Sarajevo auf den österreichischen Thronfolger, das den 1. Weltkrieg auslöste, einen Tag vorher im Traum einer bekannten Persönlichkeit gezeigt, die sogar Kaiser Franz Josef warnte.

Wald- und Wiesenträume

Nur ein kleiner Teil der Träume hat prophetischen Charakter. In den meisten Fällen werden die Gedanken des Tages weitergesponnen. Der Schlaf dient der Reinigung der Nervenbahnen von den Tageseindrücken.

Alpträume

Manchmal bleiben wir aufgrund unseres Bewußtseinszustandes in einer niedrigen Sphäre hängen und werden dann eine Beute negativer Wesen, die diese Sphäre bevölkern.

Ein wirksames Mittel gegen solche unliebsamen nächtlichen Erlebnisse ist die Bitte an Gott und an den Schutzgeist, um Schutz.

Nicht immer bringen wir Erinnerungen aus dem Traumleben in das Wachbewußtsein mit, aber in manchen Fällen wissen wir bei anstehenden Problemen am nächsten Morgen ganz genau, wie wir entscheiden sollen, da uns die Lösung während des Schlafes gezeigt wurde. Es ist daher ein guter Rat, Probleme ganz einfach zu überschlafen. Dabei ist zu beachten, daß der erste Gedanke nach dem Erwachen der richtige ist!

Materialisationen

Oft soll der Menschheit ein sichtbarer Beweis von "oben" gegeben werden, der mit den materiellen Sinnen erfaßbar ist.

Um direkt auf die Materie einwirken zu können, ist immer menschliche Odkraft erforderlich. Dieser Betriebsstoff wird von sensitiven Menschen genommen, deren Odkraft leichter lösbar ist. Durch mehr oder weniger starke Verdichtungen kommt es dann zu sicht- und hörbaren Erscheinungen.

Hellsehen, hellhören, hellfühlen

Menschen, die diese medialen Fähigkeiten besitzen, können Vorgänge in der feinstofflichen Welt wahrnehmen. Die geistige Welt braucht hier verhältnismäßig wenig Odkraft. Es gibt viele Grade und Abstufungen. Der Nachteil besteht darin, daß "normale" Menschen die Schilderungen für Produkte der Einbildung oder zu stark ausgeprägter Phantasie halten. Daher ist es oft notwendig, durch starke Verdichtung die Phänomene auch nicht medialen Menschen zugängig zu machen.

Da der Entzug von Odkraft Sensitive schwächt, geht die Geisterwelt Gottes mit diesem Betriebsstoff äußerst sparsam um. Anders die dunkle Seite (auch für sie gelten die gleichen Gesetze). Wenn sie Sensitiven Odkraft entzieht, dann wird sie nachher nicht ersetzt, und der betroffene Mensch wird müde, schwach, krank.

Die Materialisationen reichen von der Sichtbarmachung einfacher Symbole, Bilder, Schriften bis zur Erscheinung von Geistwesen in menschlicher Gestalt.

Materialisation eines Marienbildes

Schauplatz des Geschehens ist Sankt Ulrich im Grödnertal in Südtirol: Erika Faltner, eine 23jährige Friseurin, hatte ihren Kopfpolster-Überzug schon viele Male gewaschen. Wieder einmal war es so weit. Anschließend bügelte sie ihn – aber er kam nicht mehr zur Verwendung.

Als sie nämlich mit dem Bügeln des Überzuges beschäftigt war, rief sie plötzlich aus: "O Gott, ein Brandfleck!" und sie klagte sich an, daß sie zu wenig achtgegeben hätte. Sie starrte diesen vermeintlichen Brandfleck an und sah zu ihrem Erstaunen, daß er Konturen annahm und wuchs. Nach wenigen Augenblicken war die Kontur einer Madonna mit dem Kind auf dem Arm zu sehen. Sie wußte nicht, wie ihr geschah, war tief ergriffen und halb ohnmächtig. Eine deutliche Schwäche überkam sie. Nachdem sie sich wieder gesammelt hatte, erzählte sie den Vorfall den Familienmitgliedern und Nachbarn.

In ihrer Aufregung und Freude übersah sie jedoch, daß auch eine Wortprägung aufschien. Unter dem Bildnis Mutter Mariens mit dem Jesuskind war eingeprägt: "Wundeiralene", was sinngemäß übersetzt lautet: "Gott liebt euch!"

Heute ist der Zustrom nach St. Ulrich sehr groß, und alle wollen das Bildnis der himmlischen Gnadenmutter sehen. Wer diesen Worten nicht glaubt, kann sich selbst davon überzeugen.

Einen ähnlichen Beweis liefert das Rasenkreuz in Eisenberg, das von der geistigen Welt als Zeichen gesetzt wurde. Christus- oder Marienstatuen in der ganzen Welt, die Blut oder Tränen vergießen. Experten haben die Flüssigkeiten untersucht und für echt befunden.

In letzter Zeit bedient sich die geistige Welt in zunehmendem Maße auch der modernen Technik, wie der Fotografie, des Fernsehens, des Computers. Beispiele: Fotografie des Turiner Leichentuches durch einen Fotografen der NASA, die nach Entwicklung des Filmes ein wunderschönes Christus-Antlitz zeigte, Bilder von Mutter Maria am Gnadenort in Medjugorje....

Erscheinungen von Mutter Maria an vielen Gnadenorten

Lourdes, Fatima, Ganabandel, Medjugorje ...

Mediale Botschaften

Die oben erwähnten Möglichkeiten benötigen viel Odkraft und eignen sich nicht für längere Mitteilungen.

Zur Übermittlung von Botschaften im Auftrag Gottes und Christus bedient sich die geistige Welt seit Bestehen der Erde der **Medien**. Die sind Menschen, die der geistigen Welt vorübergehend ihren Körper zur Verfügung stellen und damit als Kanal zwischen diesseitiger und jenseitiger Welt fungieren. Während man sie in früheren Zeiten als Seher oder Propheten bezeichnete, so verwendet man heute dafür häufiger die Bezeichnung Mittler oder Medien.

Sowohl die Propheten des alten Bundes als auch die Apostel, deren Medialität von Jesus persönlich entwickelt wurde, waren solche Medien. Bei den letzteren wurde das äußere Zeichen durch das Pfingstgeschehen gesetzt. Sie konnten infolge dieser Fähigkeit in fremder Zunge reden, Kranke heilen und böse Geister austreiben.

In den Urchristengemeinden, in denen z.B. Petrus und Paulus wirkten, gehörte die Verbindung mit der Geisterwelt Gottes zum Alltag. Die Leiter dieser Gemeinden, Presbyter, wurden von oben bestimmt, und jenseitige hohe Wesenheiten belehrten und führten die Mitglieder der damaligen Urkirche, die sich getreu an die Worte Jesu, die er vor seinem irdischen Abgang an seine Apostel gerichtet hatte, hielten:

"Ich werde euch den Tröster senden, den Hl. Geist (die heiligen Geister), er wird euch über all das belehren, was ich euch noch nicht sagen konnte."

Schon damals versuchte auch die negative Geisterwelt sich der Medien zu bemächtigen und die Menschen in die Irre zu führen. Deshalb warnte Christus seine Jünger: "Hütet euch vor den falschen Propheten!" Auch Paulus sagte zu seinen Gemeinden: "Prüfet die Geister, ob sie von Gott sind!" Dieser wichtige Grundsatz gilt in unseren Tagen mehr denn je!

Die Offenbarungen enthielten Wahrheiten, die für die Menschen nicht immer angenehm zu hören waren, weil sie sich sehr oft nicht mit den Bestrebungen mancher weltlicher und kirchlicher Machthaber vereinbaren ließen. So wurden sehr bald alle Offenbarungen als "Werk Satans" erklärt, die Medien davongejagt und die von oben ernannten Presbyter durch menschlich bestimmte ersetzt.

In der kommenden Zeit konnten Medien nur mehr im geheimen wirken, und viele von ihnen beendeten ihr irdisches Leben auf dem Scheiterhaufen der Inquisition.

Heute trachtet man Medien zwar nicht mehr nach dem Leben, jedoch erklärt die offizielle Wissenschaft ihr Wirken als Einbildung oder als pathologisches Symptom. Im schlimmsten Fall enden solche Menschen sogar in einer psychiatrischen Anstalt und dies alles, weil man sich hartnäckig weigert, die Existenz einer jenseitigen Welt als real anzunehmen, weil man sie persönlich nicht wahrnehmen kann. Es verhält sich hier so, wie wenn ein normal Sehender in einer Gesellschaft von lauter Blinden seine Wahrnehmungen schildert und von ihnen als Psychoypath bezeichnet wird. Die kirchliche Seite dagegen verdammt die Offenbarungen teilweise noch immer als "Teufelswerk" oder im besten Fall als Privatoffenbarungen, die sie nicht einmal ignorieren möchte, so wie das im Falle (Fatima), Garabandal und Medjugorje geschieht.

Man erwartet anscheinend, daß sich die geistige Welt persönlich an die offiziellen kirchlichen Stellen wendet. Die Geisterwelt Gottes aber läßt sich nicht zitieren, und der Hl. Geist weht, wo er will.

Das Wirken der Medien

Medialität ist eine Fähigkeit, die sich der Mensch in diesem oder einer früheren Existenz als Verdienst erworben hat. So wie bei jeder menschlichen Fähigkeit gibt es hier viele unterschiedliche Grade, die von der bloßen Aufnahme von Inspirationen bis zur Hervorbringung materieller Phänomene reichen. In jedem Fall stellt der Mensch Teile seines materiellen Körpers, wie Gehirn, Sprechorgane (Sprechmedien), Hand (Schreibmedien) oder auch seinen ganzen Körper bewußt oder unbewußt einem feinstofflichen Wesen zur Verfügung. Die Übermittlungen können bei vollem Bewußtsein des Mittlers, in Teil- oder in Volltrance erfolgen.

Der Kanal, die Verbindung zwischen Diesseits und Jenseits ist nach beiden Seiten offen: Für die Geisterwelt Gottes, die im Willen und im Gesetz Gottes wirkt, aber auch für die Gegensatzgeister, für die die gleichen geistigen Gesetze gelten. Der Betriebsstoff für die Kundgaben ist menschliche Odkraft. Während die Geisterwelt Gottes nur mit Einverständnis des Mittlers wirkt, mit der benötigten Odkraft sparsam umgeht und sie nach Beendigung ihrer Durchgaben wieder voll ersetzt, nimmt die dunkle Seite auf den freien Willen des Menschen keine Rücksicht, entzieht so viel Odkraft wie nur möglich und ersetzt sie nachher auch nicht. Menschen, die sich, wenn auch unbewußt, mit der dunklen Seite verbinden, verlieren immer mehr Kraft, werden müde, schwach, krank, was so weit gehen kann, daß sie ihren alltäglichen Pflichten nicht mehr nachgehen können.

Hier kommt das geistige Gesetz zur Auswirkung: "Ähnliches zieht Ähnliches an und bewirkt wieder Ähnliches!"

Um als Werkzeug der Geisterwelt Gottes zu dienen, bedarf es eines gottgewollten Lebens, einer Reinheit und eines bestimmten geistigen Entwicklungsgrades. Meist bringen die Mittler diese Voraussetzungen schon aus einem früheren Leben mit.

Die Kennzeichen des Mediums:
- Relativ gute Gesundheit, gottgewollte Ernährung
- einwandfreier sittlicher und moralischer Lebenswandel
- völlige Selbstlosigkeit (keine finanziellen Ansprüche oder Streben nach Anerkennung)

- Gottgewollte Durchgaben, die dem Lichte und der Wahrheit dienen, erkennt man mit einer gewissen Erfahrung aus dem Inhalt. Sie dienen ausschließlich der geistigen Entwicklung der Teilnehmer!
- Unbedingte Beachtung des freien Willens des Mediums, aber auch der Teilnehmer. Durchgaben, die Anordnungen oder gar Befehle enthalten, sind immer negativ!
- Christus oder gar Gott, kann sich niemals direkt durch ein Medium kundgeben, da die Strahlung für ein menschliches Wesen unerträglich wäre. Es würde sich sofort (in nichts) auflösen. Wohl aber kann die Strahlung über dazwischengeschaltete geistige Wesen abgeschwächt werden, und man gewinnt den Eindruck, daß Christus oder Mutter Maria persönlich anwesend sei.
- Jedes gottgewollt wirkende Medium hat einen jenseitigen hohen Kontrollgeist, der verhindert, daß sich dämonische Mächte dieses Werkzeugs bedienen.
- Notwendig ist auch ein erfahrener menschlicher Leiter mit hohem Verantwortungsbewußtsein, da Medien oft in Trance wirken.

Je höher der Entwicklungsgrad des Mediums, desto höher sind auch seine Durchgaben!

Trotz dieser allgemeinen Grundsätze ist es für uns Menschen nicht einfach, Wahrheit und Täuschung zu unterscheiden, und gerade in der Zeit, in der wir leben, die von geistig Wissenden als Wendezeit bezeichnet wird, sind die dämonischen Mächte besonders aktiv. Sie bedienen sich oft schöner, salbungsvoller Redensarten.

Daher ist von allen okkulten Tätigkeiten auf eigene Faust unbedingt zu warnen!

Andererseits darf man aber nicht den Fehler begehen, wie es die kirchlichen Kreise tun, aus lauter Vorsicht jedweden Kontakt mit der geistigen Welt abzulehnen, denn trotz aller Schwierigkeiten und Gefahren ist diese Verbindung mit der geistigen Welt unbedingt notwendig, weil die Menschen ohne ihre Hilfe niemals bestehen könnten.

Die vollkommene Wahrheit ist auf dieser Erde nirgends zu finden! Nur Gott ist die absolute Wahrheit. Zutritt zu dieser Quelle hat nur Christus. In seinem Auftrag wirkt die Geisterwelt Gottes und bringt die Wahrheit in Liebe den gefallenen Geschwistern, ihrem Entwicklungsgrad und ihrer Stufe angemessen.

Die Offenbarungen waren mit dem Tod der Apostel keineswegs abgeschlossen, wie von kirchlicher Seite behauptet wird. Bis in unsere Tage wirken Medien als Werkzeuge der geistigen Welt.

Überall auf der Erde gibt es Quellen, wo Wahrheit und Liebe fließen, um den gefallenen Geschwistern zu helfen, den Weg zu Gott zu finden.

Wer je die Gnade hatte, zu einer solchen Quelle Zutritt zu erlangen und über die geistige Reife verfügt, um den Wert dieser Botschaften zu erkennen, dessen Leben erfährt eine beglückende Wende. Er wird mit Freuden auf so manche irdischen Vergnügungen verzichten, um diese Möglichkeit nur ja nicht mehr zu verlieren.

Für alle, die ernsthaft nach Licht und Wahrheit suchen, gilt das Bibelwort: "Suchet und ihr werdet finden! Klopfet an, an das Geisterreich, und es wird euch geöffnet werden!"

Jeder, der ehrlich um Erkenntnis und Wahrheit bittet, wird mit Sicherheit an eine Quelle der Wahrheit geführt, indem er z.B. ein wertvolles Buch in die Hand bekommt oder einem Menschen begegnet, der ihm weiterhilft.

Bis zu diesem Zeitpunkt aber ist die sicherste und gefahrloseste Verbindung mit der jenseitigen Welt das Gebet. Richtig eingesetzt, ist es die größte Kraft, die wir Menschen besitzen.

In der Vielzahl der menschlichen Meinungen, Anschauungen und Theorien, egal ob sie von der wissenschaftlichen oder von der kirchlichen Seite geäußert werden, wird es uns niemals gelingen, die Wahrheit zu ergründen. Nur Wesen, die in ihrer Entwicklung weit über uns Menschen stehen, sind imstande, die Wahrheit zu erkennen!

Die Suche nach der Wahrheit

Jeder Mensch trägt tief in seinem Inneren eine Sehnsucht, den eigentlichen Sinn des menschlichen Lebens zu erfahren, auch wenn heute ein ganz anderer Eindruck entsteht.

Irgendwann im Laufe unseres Daseins stellen wir uns die entscheidenden Fragen: – woher – wozu – wohin?

Leider bedarf es in den meisten Fällen eines schmerzhaften Anstoßes von außen, der uns aus unserem Alltagstrott aufrüttelt. Zu sehr sind wir beschäftigt mit unserer Arbeit, mit Freizeitvergnügungen der verschiedensten Art, mit Urlaubs- und Reiseplänen usw. Erst wenn eine Krankheit uns bedroht und uns einige Zeit ans Bett fesselt oder wenn wir am Grab eines lieben Menschen stehen, erst dann beginnen wir über den wahren Sinn unseres Lebens nachzudenken. Dies ist eine Frage, die seit Menschengedenken Philosophen und Denker aller Zeiten und Richtungen beschäftigte. In der ungeheuren Vielfalt der geäußerten Meinungen und Vorstellungen scheint es ein nahezu sinnloses Unterfangen zu sein, die Wahrheit zu finden.

Welche Möglichkeiten bieten sich dem Suchenden?

Die offizielle Wissenschaft

Wir Menschen an der Schwelle des 3. Jahrtausends waren bis vor kurzem davon überzeugt, daß für Wissenschaft und Technik alles machbar wäre, sofern man sich wirklich ernsthaft damit beschäftige. Man erwartete auch von der Wissenschaft sichtbare Beweise, die sie lange Zeit auch lieferte. So glaubte man, daß es gelingen würde, auch die letzten Schleier bezüglich der Fragen des menschlichen Daseins zu lüften. Der Mensch sah sich als Maß aller Dinge und war davon überzeugt, daß man nur das als wahr und existent annehmen könne, was man empirisch erfassen und statistisch beweisen kann. Ein Produkt dieser Denkweise ist die lächerliche Theorie vom Urknall, mit der die Entstehung des Lebens als eine Kette von Zufällen erklärt wird. Dieser Unsinn wird noch heute an unseren Schulen gelehrt, und man versucht, dies mit komplizierten Formeln und Erklärungen zu untermauern, die selbst für geschulte Menschen ziemlich unverständlich sind. Der Denkvorgang wird dadurch derart verkompliziert, daß man eine einfache Tatsache, die jedem halbwegs aufgewecktem Kind verständlich ist, übersieht:

Es entsteht nichts von selbst, wenn man nur die Bestandteile bereitstellt. Ohne die schöpferische Vernunft eines Wesens kann kein Werk entstehen, und sei es in den Augen der Menschen noch so unbedeutend!

Denken wir an eine einfache Hausfrau, die das Mittagessen für ihre Lieben zubereitet. Die Speisen entstehen nicht von selbst oder durch Zufall.

Selbst die kleinste Schöpfung in der Natur, wie eine Schneeflocke oder eine Blume, offenbart vollendete Ordnung, Harmonie und Schönheit, die uns immer wieder staunen läßt. Umsomehr sollte uns der Anblick des nächtlichen Sternenhimmels, wo seit Äonen die Himmelskörper ihre Bahn ziehen, die Ordnung im Kosmos vor Augen führen und in die Knie sinken lassen. Dies alles soll durch einen Zufall entstanden sein?

Der Großteil der heutigen Menschen aber ist wissenschaftsgläubig, obwohl die verschiedenen Lehrmeinungen vom einzelnen längst nicht mehr nachprüfbar sind. Selbst Vermutungen von Wissenschaftern werden zur wissenschaftlichen Erkenntnis erhoben.

Der schwerwiegendste Irrtum der offiziellen Wissenschaft ist die Leugnung der Existenz eines Schöpfers, von dem alles ausging und der alles lenkt und leitet.

Wissenschaft und Technik ohne Gott haben die Menschheit im Laufe der Zeit an den Rand des Abgrunds geführt, was die Zustände der heutigen Zeit, in der die Ordnung Gottes mit Füßen getreten wird, deutlich beweisen.

Die Wissenschaft experimentierte bis vor kurzem nur in der Materie. Der Mensch ist aber in erster Linie ein geistiges Wesen. Sein Bewußtsein funktioniert unabhängig vom Körper und lebt nach dem irdischen Tod weiter. Da die offizielle Wissenschaft nicht an ein selbständiges Bewußtsein glaubt, hatte sie es bis auf wenige Ausnahmen (siehe Kapitel 2) bisher auch unterlassen, zu erforschen, ob es ein Weiterleben nach dem Tode gibt, obwohl dies der wesentlichste Punkt des ganzen menschlichen Daseins ist. Es werden Unsummen von Geldbeträgen für die Forschung verhältnismäßig unwesentlicher Tatbestände ausgegeben, wie z.B. die Erforschung der Materie verschiedener Himmelskörper, aber *es ist unbedingt notwendig zu wissen,*

ob und wie der Mensch nach seinem irdischen Tod weiterlebt und ob er Rechen-
schaft für sein Verhalten ablegen muß.

Die Vertreter der Konfessionen

Sie glauben natürlich an die Existenz eines Schöpfers und bemühen sich auch vielfach, Gutes zu tun. Andererseits behindern sie ihren eigenen Fortschritt, weil sie am Irrtum, oft aus niederen Beweggründen, festhalten. Ein Irrtum wird deshalb nicht wahrer, wenn man ihn zum Dogma erklärt! Hochstehende Wesen sagen, daß ihre Glaubensvorstellungen über den Schöpfer an Blasphemie grenzen.

Die Antworten, die Suchende auf ihre Fragen erhalten, sind unklar, verworren, voller Widersprüche und stellen Philosophien dar, nicht mehr und nicht weniger.

Die Theologie lehnt jede Verbindung mit dem Jenseits ab und macht sich von Gott und vom Weiterleben nach dem irdischen Tod ihre eigenen Vorstellungen, je nach menschlicher Phantasie und Auffassung.

Die nachfolgende Schilderung stammt von höherstehenden Wesen, um den Menschen die Lächerlichkeit dieser Einstellung vor Augen zu führen:

"Nehmen wir an, daß eine Gruppe von mutigen Menschen eine Reise zu einem fernen Himmelskörper unternimmt, dort gut ankommt, aber aus irgend welchen Gründen nicht mehr zur Erde zurück kann.

Eine andere Gruppe von geltungsbedürftigen Menschen macht sich von den auf dem fremden Himmelskörper lebenden Menschen allerlei Vorstellungen, wie z.B. ob sie noch am Leben sind, ob sie dort herzlich aufgenommen wurden usw. Sie halten es aber für überflüssig, durch Spezialfunk Verbindung aufzunehmen, um sie selbst darüber zu befragen. In Wirklichkeit versuchen die auf dem fremden Himmelskörper ausgewanderten Menschen mit allen Mitteln eine Funkverbindung mit der Erde herzustellen, aber auf der Erde reagiert man nicht darauf, man ignoriert sie einfach, weil man glaubt, daß eine solche Verbindung nicht möglich sei.

Trotzdem wollen die geltungsbedürftigen Erdenmenschen der übrigen Menschheit etwas über das Leben auf dem fernen Himmelskörper berichten, und nun lassen sie ihrer Phantasie freien Lauf. Sie erfinden die tollsten Dinge, die sie als Wahrheit ausgeben, und es gibt genug Leute, die ihnen

den Schwindel glauben, während andere sich angewidert abwenden."
Die Theologie verlangt von den Menschen einen bedingungslosen, blinden Glauben an das, was vorgesetzt wird. Jede Kritik ist Ketzerei und jede Logik verboten. Leider kommt es dann häufig vor, daß sich Menschen überhaupt von Gott abwenden, ihren gesamten Glauben über Bord werfen und zum Atheisten werden.

Die Bibel als Wahrheitsquelle

Von der Bibel wird behauptet, daß sie allein, unverrückbar und für alle Generationen gültig, "das Wort Gottes" enthalte.

Jede Konfession besitzt ihre angebliche "Originalbibel", die von allen übrigen abweicht, mit deren Hilfe sie aber die alleinige Richtigkeit ihrer Lehre zu beweisen versucht. Da es hunderte Konfessionen und Glaubensgemeinschaften gibt, kann man sich vorstellen, welche Schwierigkeiten sich allein schon aus dieser Tatsache für den Wahrheitssucher ergeben.

Die Hl. Schrift besteht aus dem Alten und Neuen Testament.

Das Alte Testament enthält im wesentlichen Offenbarungen, die die Propheten auf medialem Wege erhielten, wie z.B. durch Inspirationen, durch das gesprochene Wort, wie z.B. Moses. Paulus schreibt in seinem Hebräerbrief: "Gott hat auf vielerlei Weise zu unseren Vätern geredet." *Die Propheten waren daher Werkzeuge (Medien) der Geisterwelt Gottes!*

Das Neue Testament hat eine andere Entstehungsgeschichte. Die Evangelisten behaupten nicht, daß sie ihre Niederschriften durch eine "Inspiration des Hl. Geistes" empfangen hätten.

Sie waren entweder selbst Zeugen des Geschehens, oder sie verfaßten ihre Berichte aufgrund von Erkundigungen, die sie von Zeugen des Geschehens einholten. Eine Ausnahme bildet die "Offenbarung des Johannes", die durch eine Inspiration zustandekam.

Von den ursprünglichen 52 Evangelien sind nur 4 anerkannt. Es gibt von diesen Schriften kein Original, sondern ca. 3.000 unvollständige Abschriften, die nicht miteinander übereinstimmen. (Die Funde der Papyrusrollen am Toten Meer wurden bis jetzt, aus welchen Gründen auch immer, von den Experten noch nicht freigegeben, was natürlich zu verschiedenen Vermutungen Anlaß gibt).

Christus beabsichtigte offensichtlich nicht, seine Lehre schriftlich der Nachwelt zu hinterlassen, da er es sonst persönlich getan hätte, da er ja des Lesens und Schreibens kundig war. Zumindest hätte er darauf hingewiesen. Er sagte allerdings ganz deutlich, daß die Jünger für manche Wahrheiten noch nicht reif waren. "Noch vieles hätte ich euch zu sagen, ihr könnt es aber nicht tragen und fassen. Wenn aber der Geist der Wahrheit kommt, dann wird er euch über all das belehren, was ich euch noch nicht sagen konnte."

Sowohl das Alte wie das Neue Testament wurde unzählige Male von einer Sprache in die andere übersetzt. Einer schrieb es vom anderen ab. Bei dieser Tätigkeit wurde teils absichtlich, teils unabsichtlich vieles am ursprünglichen Text verändert, sodaß wir nur mehr ein Fragment besitzen (ca. 30% des ursprünglichen Inhalts). Trotzdem blieb ein wertvoller Kern erhalten und zeugt von der Verbindung mit der jenseitigen Welt, die im Gegensatz zu den Behauptungen der Konfessionen nie aufgehört hat, zu bestehen. Dies wäre auch mit der Gerechtigkeit und Liebe des Schöpfers nicht zu vereinbaren, der weder bestimmte Menschen noch Generationen bevorzugt, sondern allen seinen Geschöpfen die gleiche Liebe angedeihen läßt.

Wir können daher nicht von irrtumsfähigen Menschen die Wahrheit über den Sinn und Zweck unseres Erdenlebens erfahren, sondern einzig und allein von den Boten Gottes

Das Wunder des Lebens aus geistiger Sicht

Die Entstehung der Schöpfung
Genesis: "Am Anfang war das Wort, und das Wort war bei Gott."
Wenn wir statt "Wort" Christus einsetzen, kommen wir der Wahrheit näher.
Die Kraft des Schöpfers, Sein Urlicht, durchstrahlte das All. Aus Urmolekülen entstanden durch Verwandlungen und Verdichtungen, die Bausteine des Lebens. (Lebensprinzip).
Es entstand eine feinstoffliche Pflanzen- und Tierwelt (damals gab es noch keine sichtbaren, materiellen Welten) und als Krönung der Schöpfung, intelligente Wesen: **die Erstlingsgeister.** Als erster trat **Christus** ins Dasein.
Er war und ist dem Vater am ähnlichsten und wurde von Ihm mit einer Fülle von Macht ausgestattet. Später folgten **Luzifer, Gabriel, Michael, Raphael** und viele andere, deren Namen uns nicht überliefert sind. alle erhielten Licht von Seinem Urlicht und die Attribute: Vernunft, Liebe und freien Willen in Keimform, die sie zur Vollkommenheit entwickeln sollten.
Christus, der Erstgeschaffene, wurde vom Vater zum König über die gesamte Geisterwelt Gottes eingesetzt.
Lange, unendlich lange Zeitperioden, herrschten unter den Erstlingsgeistern vollkommene Harmonie und Eintracht und es entstanden herrliche Schöpfungen.

Der Bruch in der Schöpfung – Fall der Geister
Luzifer, der Zweitgeschaffene dessen Name "der Lichtträger", bedeutet, mißbrauchte seinen freien Willen und stellte sich gegen die göttliche Ordnung, da er die Vorherrschaft Christi nicht anerkennen und Erster sein wollte. Er verführte auch andere Erstlinge, die sich ebenfalls von Gott abwendeten. Durch die Derotation gegen die göttlichen Gesetze erstarrten sie, und ihr Gottesfunke wurde verdichtet. In diesem Zustand konnten sie aber auch die hohe Schwingung, die in diesen Paradieseswelten herrschte, nicht mehr ertragen und fielen auf eine dichtere Weltstufe.
(Paulus: "Ich sah Satan wie einen Blitz vom Himmel stürzen")

Schaffung der Sekundär- und Embryogeister

Um ihnen die Rückkehr zu ermöglichen, schuf Gott als Brücke die Sekundär- und Embryogeister. Sie hatten ihren Aufenthalt in den zweiten Sonnen und waren ebenso ausgestattet wie die Erstlinggeister: mit dem Gottesfunken und den Attributen Vernunft, Liebe und freier Wille, die sie zur Vollkommenheit entwickeln sollten. Sie wurden von den Messiassen gewarnt: "Gebt acht, es gibt einen Verführer, der euch ins Verderben stürzen will." Die Sekundärgeister sollten für die Erstlingsgeister die Brücke zu deren Heimführung bilden. Einige kehrten tatsächlich reumütig zurück, die anderen waren unbelehrbar und verführten auch einen Teil der Sekundärgeister, die sich ebenfalls von Gott abwendeten und auf eine tiefere Stufe fielen. Für die gefallenen Geister bestand immer wieder die Möglichkeit, zum Vater zurückzukehren und sich in die göttliche Ordnung einzufügen.

Viele der gefallenen Wesen benützten auch tatsächlich diese Möglichkeit, ein Teil jedoch blieb unbelehrbar und fiel immer tiefer, von Stufe zu Stufe, auf immer dichtere Welten, bis sie schließlich auf der 7. Weltstufe, unserem Sonnensystem, auf der Erde landeten.

Die von Gott abgefallenen Geister waren hier völlig dem Verursacher des Falls, Luzifer, ausgeliefert, der mit seinen Vasallen ein Schreckensreich errichtete. Sie konnten aus eigener Kraft nicht mehr zurückkehren.

Nach dem irdischen Tod konnte eine bestimmte Sphäre nicht überschritten werden.

Der Heil- und Erlösungsplan Gottes

Gott empfand grenzenloses Mitleid mit Seinen gefallenen Kindern. Um ihnen die Rückkehr zu ermöglichen, schuf Er den Heil- und Erlösungsplan, der darin bestand, daß sich einer der Erstlingsgeister freiwillig im Herrschaftsbereich Luzifers inkarnieren, allen Versuchungen widerstehen und schließlich Seine gefallenen Geschwister wieder heimführen sollte. Zu dieser Liebestat erklärte sich Christus, der eingeborene Sohn Gottes, der Erstgeschaffene, bereit.

Die Liebestat Christi – sein Leben als Jesus von Nazareth
Für seine Inkarnation waren große geistige Vorbereitungen notwendig. Hohe Geister inkarnierten, ebenfalls freiwillig, lange vor Christus, um die Menschen auf sein Kommen vorzubereiten (Propheten des alten Bundes). Das Volk Israel, das den Eingottglauben besaß, wurde für die Ankunft des Messias auserwählt, weil hier die besten Voraussetzungen vorhanden waren. Damit die Erlösungstat gelingen konnte, mußten gleichzeitig mit Christus hohe Wesen, die nie gefallen waren, inkarnieren. Vor allem mußte ein weibliches Wesen gefunden werden, das dem höchsten aller Wesen, das je die Erde betrat, Mutter sein konnte.

Die Mutter Jesu, Maria, die schließlich auserwählt wurde, war nicht irgendeine Frau, wie von Unwissenden behauptet wird, sondern eine hohe Himmelsfürstin, die freiwillig das irdische Kleid annahm, um Miterlöserin zu werden. So wie im Falle Jesus, dem Christus, gibt es auch um ihre Person viele Irrtümer und Mißverständnisse, die aber leider oft dazu führen, daß manche Menschen ihren Glauben verlieren, weil Unwahrheiten zu Dogmen erhoben wurden, die ein Mensch mit halbwegs klarem Verstand nicht annehmen kann. Trotz ihrer hohen himmlischen Herkunft lebte sie hier auf der Erde als Mensch und war, so wie alle anderen, den Naturgesetzen unterworfen, die für diese Stufe gelten.

Auch Josef, der irdische Vater Jesu, der von den Menschen zu Unrecht als nebenrangig betrachtet wird, war ein hoher, freiwillig inkarnierter Geist.

Jesus wuchs heran und wußte zunächst nicht, wer er war und welche Mission er zu erfüllen hatte, obwohl er oftmals die Menschen durch seine Worte und Taten in Erstaunen versetzte. Er war in höchstem Grade hellsehend, hellhörend und hellfühlend und stand dadurch ständig mit der Geisterwelt Gottes in Kontakt, die ihn nach und nach über seine Herkunft und seine Aufgabe aufklärte, als er dazu reif war – z.B. bei der Taufe im Jordan, bei der Verklärung auf dem Berg Tabor.

Er begann sein Lehramt mit 30 Jahren, was die Pharisäer als große Konkurrenz empfanden. Sie bezeichneten ihn als Schwärmer, Revolutionär und Volksaufwiegler, weil er ihre erstarrten Lehrmeinungen nicht teilte.

Das Volk Israel erkannte ihn nicht als den Erlöser, obwohl seine Ankunft lange Zeit vorher von den Propheten vorausgesagt wurde.

Die negative Geisterwelt hingegen, unter der Führung Luzifers, wußte bald, welches geistige Wesen in der Gestalt Jesus von Nazareth, inkarniert war und bemühte sich von Anfang an, ihn zu beseitigen, wobei sie unter den Menschen immer willige Opfer fand, die sie negativ beeinflußte. Das erste Werkzeug war Herodes, dem nach der Geburt Jesu der Gedanke suggeriert wurde, daß ein künftiger Herrscher geboren worden war, der ihm später seinen Thron streitig machen würde. Die Folge war der Mord an tausenden unschuldigen Kindern. Die Geisterwelt Gottes verhinderte aber die Ermordung Jesu, indem sie Josef rechtzeitig warnte, worauf er mit seiner Familie nach Ägypten floh.

Sein ganzes Leben lang war Jesus Versuchungen schwerster Art ausgesetzt, die er aber alle meisterte.

Niemals hat ein größerer Geist auf dieser Erde gelebt! Alle Vollkommenheit vereinigten sich in Jesus, dem Christus, zu einer Gestalt von idealer Reinheit und unaussprechlicher Güte. Er hatte unendliches Mitleid mit den Ärmsten, mit den Niedrigen, den Schwachen, selbst mit seinen Feinden.

Er brachte den Menschen die Liebeslehre von seinem allgütigen, liebenden Vater, die bis dahin nur einer kleinen Anzahl von Eingeweihten, den Adepten, bekannt war.

In der **Bergpredigt** ist das Konzentrat seiner Lehre enthalten: Nicht glänzende Eigenschaften bringen das wahre Glück, sondern Demut, Güte, Sanftmut, Mildtätigkeit und Liebe:

"Selig sind die Armen im Geiste, denn ihrer ist das Himmelbereich. Selig, die da Leid tragen, denn sie sollen getröstet werden. Selig, die da hungern, denn sie sollen satt werden. Selig sind die Barmherzigen, denn sie werden Barmherzigkeit erlangen. Selig sind die, die reinen Herzens sind, denn sie werden Gott in seiner Herrlichkeit schauen!"

Für Jesus ist die Liebe der Inbegriff der Religion und Philosophie. "Liebet eure Feinde, segnet die, die euch fluchen, bittet für die, die euch beleidigen und verfolgen, auf daß ihr Kinder seid eures Vaters im Himmel!"

Er wandte sich gegen Heuchelei und leere Zeremonie.

Daß es allen Menschen der damaligen Zeit verständlich war, kleidete er seine Lehre in Gleichnisse, verwies aber gleichzeitig auf die Belehrung durch die Geisterwelt Gottes. "Ich werde euch den Tröster senden. Er wird euch über all das belehren, was ich euch noch nicht sagen konnte."

Als alle Versuche der negativen Seite, Jesus zu verführen, fehlschlugen, war das letzte Mittel, ihn zu beseitigen, der irdische Tod. Luzifer hoffte, durch den schändlichen Tod der Kreuzigung auch seine Liebeslehre auszurotten, was aber zum Glück mißlang. Die schwere Prüfung für Jesus bestand nicht allein in den körperlichen Qualen und Torturen, denen er als Mensch bis zur äußersten Grenze der Belastbarkeit ausgesetzt war, sondern vor allem darin, daß sich in seiner schwersten Stunde am Kreuz, aus Gründen der Gerechtigkeit, die Geisterwelt Gottes zurückziehen mußte, sodaß sich Jesus völlig alleingelassen vorkam. Nur so ist sein Ausspruch zu verstehen: "Mein Gott, mein Gott, warum hast du mich verlassen?" Er meisterte aber auch dies, und als er die letzten Worte aussprach: "Vater, es ist vollbracht, in deine Hände empfehle ich meinen Geist", ging ein ungeheurer Aufschrei des Jubels durch die Himmel, da er in dieser Liebesmission auch hätte scheitern können. In diesem Falle hätte ein anderer hoher Erstlingsgeist inkarnieren und die Erlösungstat vollbringen müssen.

Um seinen Tod ranken sich viele Irrtümer und Spekulationen, wie z.B. daß er nur scheintot von den Jüngern vom Kreuz abgenommen worden wäre und in Indien weitergelebt hätte. Dies entspricht nicht der Wahrheit, da sein Kreuzestod nicht die eigentliche Erlösungstat war. Er hat uns auch nicht, wie gelehrt wird, von all unseren Verfehlungen befreit. Das muß jeder selbst tun, auch wenn die Hilfe von oben in diesem Falle grenzenlos ist. Leider führt die verhängnisvolle Annahme vom Sühnetod Christi dazu, daß manche meinen, es würde genügen, sich im letzten Augenblick seines Lebens Christus zuzuwenden und mit einem Schlage wären alle Verfehlungen vergeben und getilgt. Die Folgen einer solchen Einstellung muß jeder im Jenseits tragen.

Auch die Annahme, daß Christus öfter als Mensch inkarniert war, ist unrichtig. Er hat als Mensch nur einmal gelebt, auch wird seine Wiederkunft am Ende der Zeiten nicht in leiblicher, sondern in geistiger Gestalt erfolgen.

Ein weiterer Irrtum ist die Lehre von seiner körperlichen Auferstehung. Nach seinem irdischen Tod wurde sein materieller Körper von den Cherubim aufgelöst (deshalb war das Grab leer!) und als er dann Maria

Magdalena und später den Jüngern erschien, geschah dies in einem materialisierten Körper, der sich nacher sofort wieder auflöste. Dies ist jedem Geistwesen, das die geistigen Gesetze anzuwenden versteht, möglich, sogar den negativen Geistern.

Das letzte Gericht

Nach seinem irdischen Tod stieg Christus mit einem Heer von Lichtwesen unter der Führung Michaels hinab in die höllischen Sphären, und es entbrannte ein gewaltiger geistiger Kampf. (Die höllischen Sphären umfassen ein riesiges Reich). Viele Wesen benützten die Gelegenheit, sagten sich von Luzifer los und schlugen sich auf die Seite von Christus. Luzifer wurde bis an die äußersten Grenzen seines Reiches zurückgedrängt. Er zitterte um sein Leben, da er fürchtete, aufgelöst zu werden. Als Christus seinem gefallenen Bruder einen Pakt, das letzte Gericht, vorschlug, willigte dieser ein. Inhalt des Paktes: Luzifer mußte alle Wesen freigeben, die nicht mehr unter seiner Herrschaft dienen wollten. Dafür wurde eine Frist von ca. 2.000 Jahren festgesetzt. Die Menschen sollten sich in dieser Zeit in Form von wiederholten, sich abwechselnden Existenzen, als Mensch und als feinstoffliches Wesen, bemühen, sich dem negativen Einfluß zu entziehen, den Versuchungen standzuhalten und sich geistig aufwärts zu entwickeln.

Die Wiederkunft Christi und die Scheidung der Geister

Am Ende der festgesetzten Frist von rund 2000 Jahren wird Christus wiederkommen und die Scheidung der Geister auf der Erde und in den Sphären, vornehmen. Obwohl wir aus den sich mehrenden Zeichen erkennen können, daß wir diesem Ereignis sehr nahe sind, ist der genaue Zeitpunkt unbekannt.

"Tag und Stunde meiner Wiederkunft weiß niemand. Weder die Engel im Himmel, noch der Sohn, sondern einzig und allein der Vater." Vorher wird es noch zu gewaltigen Katastrophen kommen, denn die Erde muß gereinigt und umgewandelt werden, um in eine höhere Schwingung zu gelangen.

Die Scheidung der Geister ist bereits jetzt in vollem Gang. Jeder entscheidet durch seine Taten, auf welcher Seite er dann stehen wird: An der Seite

Christi oder Luzifers. Daß in letzter Zeit so viele Diktaturen auf der Erde zerfielen, hängt damit zusammen, daß den Menschen in diesen Ländern die Möglichkeit gegeben werden soll, sich frei und ohne Zwang zu entscheiden.

Nach seiner Wiederkunft, die geistig erfolgen wird, werden diejenigen, die sich für das Licht entschieden haben, mit ihm gehen und auf der neuen, gereinigten Erde leben, was, gemessen an den jetzigen Zuständen, ein Leben wie im Paradies bedeutet.

Die Anhänger Luzifers hingegen gehen in die Neubannung auf einem tief stehenden Himmelskörper.

Der Mensch, ein verkörpertes Geistwesen

Wenn ein Mensch das Licht der Welt erblickt, dann ist er, nur materiell gesehen, das Produkt der Vereinigung aus Ei und Samenzelle. Geistig gesehen inkarniert (nimmt einen Körper an) ein Wesen mit einer äonenlangen Vergangenheit, die in seiner Seele genau aufgezeichnet ist und von höheren Wesen gesehen und beurteilt werden kann.

In erster Linie ist der Mensch ein geistiges Wesen, das aber, um auf der Erde überhaupt leben zu können, einen materiellen Körper besitzt, der ihm als Werkzeug dient.

Der Mensch besteht daher aus dem sichtbaren materiellen Körper und aus dem feinstofflichen geistigen Körper.

Beide sind durch das Lebens- oder Odband (auch Silberschnur), verbunden, die während des irdischen Lebens eine Einheit bilden. Erst beim Tod reißt das Lebensband, der feinstoffliche Körper mit dem eigentlichen Bewußtsein wird frei, und der Mensch lebt als feinstoffliches Wesen weiter.

Dem Geistigen gegenüber aufgeschlossene Wissenschaftler haben bereits erkannt, daß unser eigentliches Bewußtsein, unsere Persönlichkeit im feinstofflichen Körper verankert ist. Unser sichtbarer materieller Körper ist nur eine Hülle, die nach dem Gebrauch abgelegt wird.

Der Mensch ist zugleich das Ebenbild des Kosmos!

Gott bildet als Zentrallicht (Zentralsonne) den Mittelpunkt des Kosmos (Makrokosmos). Ebenso ist im Menschen der Gottesfunke (Geist) der Mittelpunkt seines relativen Weltalls = Mikrokosmos. Durch seine Seele belebt der Geist den Seelenkörper, der wieder den materiellen Körper belebt.

Die Teile des feinstofflichen Körpers sind:

- Geist, Selbst oder Gottesfunke: Sitz in der Hypophyse. Licht vom Urlicht des Schöpfers. Eigenschaften: Bewußtsein, Intelligenz, Dualliebe und freier Wille.

- Seele: Fluidum. Trägerin der Verstandesfähigkeiten. Sie soll durch den Geist geführt und benützt werden.

- Seelenkörper: Körperliche Erscheinungsform für den Geist und die Seele. Besitzt alle Teile wie der materielle Körper, wie Organe, Nerven, Knochengerüst, jedoch in feinstofflicher Form.

Gleichzeitig mit dem Geistwesen inkarnieren bei der Geburt auch 12 Elementseelen, Chakren oder Geisteskräfte. Sie sind in ihrer Gestalt und Form an menschliche Drüsen gebunden und wirken auf den Menschen ein.

Die Lebensaufgabe des Menschen

Der Großteil der irdischen Menschen sind gefallene Geister, die sich freiwillig von ihrem Schöpfer abwendeten, unbelehrbar waren und schließlich mit Luzifer, dem gefallenen Himmelsfürsten, auf die Erde fielen. Es ist sein Herrschaftsbereich, und wir sind seine Gefangenen. Er darf zwar nicht unumschränkt über uns herrschen, wohl aber sind wir bis zum letzten Atemzug der Versuchung ausgesetzt. Aus diesem Grunde ist es auf der Erde sehr schwer, die Wahrheit zu erkennen, da Luzifer und seine Anhänger es nicht zulassen.

Es ist eine falsche Lehre, die behauptet, daß der Mensch das Böse von Anfang an in sich habe. Gott der Absolute, Vollkommene, kann nichts Böses schaffen.

Wie die Erstlingsgeister wurden auch wir rein, aber nicht vollkommen geschaffen, ausgestattet mit den göttlichen Attributen Vernunft, Liebe und freier Wille, mit dem Ziel, uns zur Vollkommenheit zu entwickeln und damit Gottes Ebenbild zu werden.

Wir erhielten vom Schöpfer den Gottesfunken als Licht von Seinem Urlicht und von Christus, der auch Mitschöpfer ist, das Seelenkleid. Durch unseren Fall und die wiederholte, bewußte Abkehr von Gott wurde unser Seelenkleid immer mehr verdichtet, und wir wurden dadurch Luzifer und seinem Anhang ähnlich. Schließlich landeten wir in seinem Herrschaftsbereich, auf der Erde, einem der dichtesten Planeten des ganzen Universums.

Unsere Lebensaufgabe besteht darin, alle unsere Untugenden und Verfehlungen, die in unsere Seele geprägt sind, abzulegen und uns dabei geistig höher zu entwickeln.

Das Seelenkleid wird dabei immer lichter und feiner, und der Gottesfunke kann wieder nach außen wirken. Dazu wurde uns die Chance in wiederholten Existenzen auf der Erde, aber auch auf anderen Planeten gegeben. Wir können dann Stufe um Stufe wieder aufsteigen und schließlich in unsere ursprüngliche geistige Heimat wieder zurückkehren. Wir sollen uns dabei in Liebe die Hand reichen.

Der Weg, der noch vor uns liegt, ist leider lange und beschwerlich. Am Ende aber winkt uns eine unvorstellbare Seligkeit, die mit menschlichen Worten nicht zu beschreiben ist. auch wenn wir die Arbeit an uns letztlich selbst vollbringen müssen, um aufzusteigen, sind es die Gnade und Barmherzigkeit Gottes, die uns die Rückkehr ermöglichen. Wir sind auf diesem beschwerlichen Weg nicht allein, sondern werden von vielen helfenden, lichten Wesen unterstützt, die uns den richtigen Weg weisen.

Die Gesetze Gottes

Die geistige Höherentwicklung

Wir leben in einer Zeit, die mehr oder weniger vom Chaos beherrscht wird. Nirgends mehr herrscht Ordnung.

Dies beginnt schon in den kleinsten Zellen unserer Gesellschaft, den Familien (wie viele intakte Familien gibt es noch?), setzt sich fort beim Staat (wann wurden je so viele Fälle von Korruption und Mißbräuche von Machtpositionen aufgedeckt?) und endet in der großen Völkergemeinschaft, wo ein kleiner Teil der Welt, die sogenannten Industriestaaten, meint, auf Kosten der übrigen (3. Welt) in Saus und Braus leben zu können.

Der Mensch maßt sich an, Herr über Leben und Tod zu sein, indem er Gene manipuliert, unerwünschtes Leben noch vor der Geburt beseitigt. Unsere Mitgeschöpfe, die Tiere, werden ohne Not gequält und gefoltert (Tierversuche, Massentierhaltung), man beglückt mit den menschlichen Abfallprodukten auch andere Planeten usw.

Durch dieses verantwortungslose Verhalten gefährdet man das Leben auf unserem Planeten und nimmt auf die Schöpfung keine Rücksicht. Es mutet direkt grotesk an, daß vernunftbegabte Wesen mit einer solchen Vehemenz und Gründlichkeit ihre eigenen Lebensgrundlagen zerstören (Luft, Wasser, Boden sind bereits in einem irreparablen Zustand).

Dies läßt sich auf zwei Hauptursachen reduzieren:
- Leugnung der Existenz eines Schöpfers
- Mißachtung Seiner Gesetze

Durch dieses Verhalten aber steuert die Menschheit immer mehr in das Chaos, aus dem es kein Entrinnen gibt.

Die Welt ist in Gärung. Die Menschheit sucht nach einem inneren Halt.

Wohin soll sie sich in ihrer Not wenden?

Die Hilfe kann nicht von den Kirchen kommen, obwohl sie dazu berufen wären. Sie ist infolge ihrer dogmatischen Versteinerung nicht imstande, auf die Fragen Suchender des Computerzeitalters befriedigend zu antworten.

Hilfe kommt auch nicht von der Wissenschaft, da sie durch ihre bisherige einseitige materielle Ausrichtung an ihrer absolute Grenze angelangt ist.

Hilfe kann nur von einer Seite kommen, die von den meisten Menschen nicht wahrgenommen, ja sogar geleugnet wird: von den **Boten Gottes**. Sie zeigen uns den Weg, wie wir wieder Halt finden, das Licht und die Wahrheit erkennen können, um wieder im Willen und im Einklang mit den Gesetzen Gottes zu leben.

All das Leid, mit dem wir heute auf der Erde konfrontiert sind, ist nicht einem blindwütigen Schicksal zuzuschreiben. Wir haben es uns deshalb zugezogen, weil wir einstmals Gott den Rücken kehrten und seine Gesetze mißachteten.

Anstatt die göttlichen Gesetze der Vernunft, der Dualliebe und des freien Willens, die wir bei unserer Erschaffung erhielten, anzuerkennen und in ihnen zu wirken, verstießen wir dagegen.

Das Gesetz der Vernunft
Die von Gott erschaffenen Wesen sollten Gott anerkennen, Seinen Willen erfüllen, sich geistig entfalten und Zeugen Seines Daseins sein.

Das Gesetz der Dualliebe
Mit Ausnahme des eingeborenen Sohnes Gottes entstanden bei der Erschaffung ein männlich gebendes und ein weiblich empfangendes Wesen, die nur gemeinsam ein Ganzes bildeten und Schöpfungen hervorbringen konnten. Sie sollten einander die Treue halten. Dazu wurden ihnen die Eigenschaft der Dualliebe gegeben.

Das Gesetz des freien Willens
Sie sollten, nachdem sie die Gesetze anerkannt hatten, die ihnen Gott offenbarte, mit ihrem freien Willen in den Gesetzen schaffen.

Für uns Menschen, auf dieser tiefen Stufe, ist dieses Gesetz sehr schwer verständlich.

Alle Ereignisse, die vom freien Willen der Menschen abhängig sind, sind nicht vorhersehbar. Allerdings kennt uns unser Schöpfer bis in die tiefsten Tiefen unserer Seele und kann voraussehen, wie wir uns entscheiden werden. Das tut Seiner Größe keinen Abbruch!

Ohne den freien Willen wären wir keine selbständigen Wesen, sondern Marionetten!

Durch unseren Fall ist unser Wille nur mehr bedingt frei, da wir eingeengt sind durch das Gesetz von Ursache und Wirkung.

Unser Schöpfer ist ein Geist der Ordnung. Seine Gesetze, die Er Seinen Kindern in Liebe gab, sind absolut. Er braucht keines bis in alle Ewigkeit verändern. In Seiner unermeßlichen Weisheit hält Er sich selbst an die von Ihm gegebenen Gesetze und greift keinem in der Wirkung vor.

Wenn die Wirkung dadurch verklungen ist, daß die Ursache beseitigt wird, dann tritt die *Gesetzmäßigkeit der Verwandlung* ein.

Die erste Übertretung der göttlichen Gesetze erfolgte aus Hochmut. Die ungehorsamen Wesen derotierten gegen das Gesetz, was eine Verdichtung und den Fall der Geister bewirkte. Infolgedessen schuf Gott die *Gesetze der Gnade*.

Das Gesetz der Sühne durch eigene Arbeit

Wir sind darin alle eingeschlossen. Unser Herr und Erlöser, Christus, kam zur Erde, um für die ganze gefallene Schöpfung das Tor aufzumachen, um uns die Rückkehr zum Vater zu ermöglichen. So wie wir gefallen sind, dürfen wir nun Stufe um Stufe wieder aufsteigen.

Das Gesetz der Solidarität der Geister

Es besagt, daß der höher Entwickelte dem weniger Entwickelten stets in Liebe dienen soll. Dies hängt auch mit dem *Gesetz der Liebe* zusammen, das für uns Erdenmenschen in reiner Form nicht faßbar ist. Auf unserer Stufe bedeutet das: *"Liebe den Herrn deinen Gott über alles und deinen Nächsten wie dich selbst."*

Aufgrund dieses Gesetzes ist uns aber auch die Hilfe der Geisterwelt Gottes gewiß, da sie weiß, daß wir Menschen ohne ihre Hilfe uns niemals geistig höher entwickeln könnten. Sie ist jederzeit bereit, uns helfend beizustehen, jedoch muß der Mensch darum bitten, da das Gesetz des freien Willens unbedingt beachtet wird.

Aufgrund dieses geistigen Gesetzes wird jedem Erdenbürger als geistige Begleitung ein **Schutzgeist** beigestellt.

Das Ähnlichkeitsgesetz

Ähnliches zieht Ähnliches an und bewirkt wieder Ähnliches.

Dieses Gesetz wirkt auf jeder Stufe. Wir fühlen uns zu Menschen hingezogen, die eine uns ähnliche Schwingung besitzen. Wir ziehen aber auch feinstoffliche Wesen an, die uns in unserer Schwingung ähnlich sind. Es ist daher keineswegs gleichgültig, was wir denken, fühlen und sprechen, weil wir damit auch unsere geistige Umgebung bestimmen. Besonders wichtig ist diese Tatsache zur Prüfung von Kundgaben von Medien: Nur ein Medium, das im Willen Gottes lebt, kann Botschaften hoher Lichtwesen empfangen.

Das Ähnlichkeitsgesetz ist auch wirksam nach dem Ablegen des irdischen Körpers, bei unserem Übergang in das jenseitige Reich.

Es gibt keinen Engel mit dem Flammenschwert, der uns den Eintritt in das Paradies verwehrt, sondern wir werden automatisch von jener Sphäre angezogen, die dem Entwicklungsgrad unserer Seele entspricht. In den Sphären rund um die Erde leben immer Wesen mit ähnlichen Eigenschaften zusammen: Lügner mit Lügnern, aber auch Liebevolle mit Liebevollen.

Eng verwandt mit dem Ähnlichkeitsgesetz ist.

Das Spiegelgesetz

Es wurde der Menschheit für ihren geistigen Fortschritt auf dem Buß- und Sühneplaneten Erde gegeben.

Grundgedanke: Jeder bringt bereits bei Geburt Verfehlungen gegen die Gesetze Gottes mit, die in der Seele als Prägung aufgezeichnet sind.

Im äußeren Erscheinungsbild der Materie tritt nur das durch den Mitmenschen an uns heran, was wir selbst noch in uns tragen.

Wenn daher ein Mensch aus Mangel an Erkenntnis einer Belehung durch einen Anschauungsunterricht am Mitmenschen bedarf, dann kommt das Ähnlichkeitsgesetz zur Anwendung. Am Beispiel des Mitmenschen wird uns gezeigt, was wir selbst an Fehlern noch in uns tragen. Leider neigen wir dazu, die eigenen Fehler zu verniedlichen und die der anderen zu übertreiben. Jesus sagte: "Du siehst den Span in den Augen des Bruders, doch den Balken in deinem eigenen Auge siehst du nicht!"

Ein hohes, lichtes Geistwesen, das sich sehr um die geistige Entwicklung der Menschen bemüht, sagte schon wiederholt, daß wir Menschen uns in Wirklichkeit nur durch Fehlerverschiebungen unterscheiden.

Bis auf ganz wenige Ausnahmen haben wir alle noch genug abzulegen, sonst wären wir nicht mehr hier auf dieser tiefen Stufe. Gerade das, was uns am anderen so stört, tragen wir meist selbst noch in uns. Wenn wir aber den Fehler begehen, den anderen zu be- oder gar zu verurteilen, binden wir uns erneut.

"Urteilt nicht! Mit dem Maß, mit dem ihr die anderen meßt, werdet auch ihr gemessen werden! Das Urteil, das ihr über den anderen sprecht, wird auch euch zuteil werden!"

Es ist daher eine Gnade Gottes, das an dem anderen erkennen zu dürfen, was man noch selbst an Fehlern zu sich trägt.

Das Gesetz von Ursache und Wirkung

Unser Leben auf dieser Erde ist vielfach geprägt durch Leiden. Die Erde ist ein Schulungs-, aber auch ein Buß- und Sühneplanet. Durch unseren Fall haben wir uns die Ursache unseres leidvollen Zustandes selbst gelegt.

Gott, unser Schöpfer, ist der Urquell der Liebe und will alle Seine Geschöpfe lieber heute als morgen wieder zurückhaben. Wir, als verdichtete, gefallene Geschöpfe könnten aber Seine Nähe und Seine höchste Schwingung niemals ertragen, daher wirkt Seine Liebe in abgeschwächter Form als Gnade. Dies bedeutet, daß wir die Möglichkeit haben, alles Negative abzulegen und uns geistig höher zu entwickeln. Viele von uns aber sind so verdichtet, daß sie die dargebotene Hand nicht ergreifen können. In diesem Fall muß die Liebe weiter abgeschwächt werden und wirkt in Form der Gerechtigkeit.

Es gibt ein Sprichwort: "Gottes Mühlen mahlen langsam, aber fein. Das, was sie an Langmut versäumen, holen sie an Schärfe wieder ein."

Wenn ein Mensch die Langmut Gottes mit Füßen tritt und die ihm gebotenen Möglichkeiten zu seiner geistigen Aufwärtsentwicklung nicht ergreift, indem er freiwillig seine Untugenden ablegt, die in seine Seele geprägt sind, dann wird er durch äußere Umstände in Form von Krankheiten oder sogenannten "Schicksalsschlägen" dazu gebracht. Meist empfindet er das dann als äußerst schmerzhaft, und in seiner Unvernunft klagt er oft Gott als vermeintlichen Urheber seines Zustandes an. Es ist dies aber niemals eine Strafe, denn Gott, der die vollkommene Liebe verkörpert, straft nicht, sondern Er läßt es zu, daß der Mensch, der nicht anders hören will, mit Krankheit oder Leid in irgendeiner Form konfrontiert wird, damit er beginnt nachzudenken, um sein Leben zu ändern."

Nichts, aber schon gar nichts, ist ohne Ursache, die der Mensch zu irgendeinem Zeitpunkt seines Daseins selbst gelegt hat!

Eng mit dem Gesetz von Ursache und Wirkung verknüpft ist das folgende geistige Gesetz:

Das Gesetz der Reinkarnation

Leben wir nur einmal?

Für die meisten Menschen sind die Vorgänge, die sich auf dieser Erde abspielen, schwer oder überhaupt nicht zu begreifen. Die vielen unterschiedlichen Bedingungen, unter denen wir Menschen leben, sei es unsere Herkunft in bezug auf Rasse, völkische oder familiäre Zugehörigkeit, sei es was die körperlichen oder geistigen Veranlagungen oder was die charakterliche Prägung betrifft. Alle diese Tatsachen üben einen gewaltigen Einfluß auf den Verlauf unseres Erdenlebens aus.

Es ist keineswegs gleichgültig, ob man als Kind eines westeuropäischen Industriellen, eines indischen Paria oder eines afrikanischen Eingeborenen das Licht der Welt erblickt.

Die nächste Frage betrifft die unterschiedliche Lebensdauer: Einige sterben schon kurz nach ihrer Geburt, andere in der Blüte ihres Lebens, und andere erreichen ein hohes Lebensalter.

Nicht nur das Leben jedes einzelnen, sondern auch das Schicksal der verschiedenen Länder und Volksgruppen verläuft sehr unterschiedlich. Es ist eine bekannte Tatsache, daß derzeit 1/4 der Erdbewohner in Wohlstand und Überfluß lebt, während 3/4 in Not und Armut leben und nicht einmal das Nötigste besitzen. Oft sind es gerade die Ärmsten, die noch zusätzlich von Naturkatastrophen, wie Erdbeben oder Überschwemmungen usw. heimgesucht werden.

Oberflächlich betrachtet, waltet hier entweder ein blindwütiges Schicksal, oder es handelt sich um eine schreiende Ungerechtigkeit. Da aber für Menschen, die an einen Schöpfer glauben, von dem alles ausgegangen ist und der alles lenkt und leitet, weder das eine noch das andere annehmbar ist, finden selbst gläubige Menschen für diese Tatsachen keine zufriedenstellende Erklärung. Selbst wenn man sich vor Augen führt, daß unser kleines menschliches Bewußtsein niemals ausreicht, um Weisheit und Plan Gottes erkennen zu können, finden schwer vom Schicksal geprüfte Menschen keinen Trost in der Aussage, Gott würde schon wissen, warum gerade sie ein Leid trifft.

Die Zeiten, in denen die Kirchen ihre Anhänger als unmündige Kinder betrachten und behandeln konnte, sind längst vorbei.

Gott hat in Wahrheit keinerlei Geheimnisse vor Seinen Kindern. Es liegt an uns, ob wir gewillt sind, die Wahrheit anzunehmen oder nicht. Sie ist für jeden zugängig und erfahrbar, der ehrlich darum bittet. Allerdings ist es dazu notwendig, daß man alten Ballast in Form von einzementierten Irrtümern über Bord wirft. Zumindest hier, in der westlichen Welt, liegen die Ursachen des Nichtwissens bzw. Nichtwissenwollens in den Mauern, die man aufgrund von kirchlichen Dogmen um sich aufgebaut hat. Auch in diesem Fall können wir nur von den Boten Gottes die Wahrheit erfahren.

Von einem solchen Lichtwesen stammt die folgende Aussage:

"Ein Glaube ohne Anerkenntnis der Reinkarnation ist überhaupt kein Glaube, da man ohne dieses geistige Gesetz nicht erklären kann, warum der Mensch überhaupt lebt und Anstrengungen macht, wo er doch in verhältnismäßig kurzer Zeit sterben muß."

Bis vor kurzem war es hier im Westen völlig undenkbar, überhaupt über die Reinkarnation nachzudenken, obwohl es fast keinen großen westlichen Denker oder Philosophen gibt, der nicht von der Tatsache der wiederholten Existenz überzeugt war.

Durch die Erschließung fremder Kulturkreise, bedingt durch die Verbesserung des Kommunikations- und Verkehrswesens, auch durch die Reisefreudigkeit, findet dieses Gedankengut auch bei uns immer mehr Verbreitung, und in letzter Zeit kommt es häufig in den Massenmedien zu öffentlichen Diskussionen für und wider die Reinkarnation.

Die Kirchen müssen sich, ob sie wollen oder nicht, mit dieser Thematik auseinandersetzen. Ich konnte oft feststellen, daß ihre Ablehnung hauptsächlich auf Nichtwissen und Oberflächlichkeit (des für sie fremden Gedankengutes) zurückzuführen ist. Es gibt aber heute schon Vertreter der Kirche, die bei einem Gespräch unter vier Augen offen zugeben, daß sie persönlich an die Reinkarnation glauben. Sogar vom jetzigen Papst wird erzählt, daß er anläßlich einer Audienz eines Schweizer Rechtsanwalts, dem bei einem Nahtoderlebnis eine Vorexistenz gezeigt wurde, diesem versicherte, selbst daran zu glauben. Ansonsten ist Reinkarnation für die westlichen Kirchen eher ein Reizwort und wird mit dem Argument, daß sie sich nicht mit dem christlichen Gedankengut vereinbaren lasse, vom Tisch gewischt. Wenigen ist bekannt, daß die Reinkarnation bis zum 6. Jahrhundert ein wichtiger Bestandteil des christlichen Glaubens war. Erst durch das Konzil von Konstantinopel (543) wurde diese wichtige Lehre aus niedrigen Beweggründen aus dem Glaubensgebäude entfernt und nachträglich alle diesbezüglichen Stellen aus der Schrift gestrichen. Trotzdem kann ein aufmerksamer Bibelleser noch genügend Passagen finden, die darauf hinweisen.

Entnommen aus "Die Gesetze Gottes" von G. Weidner:

Beweisstellen aus derBibel
Matthäus, Kap. 11, 15: "Johannes ist Elia, der wiederkommen sollte. Wer das rechte Verständnis für meine Worte besitzt, der merke sie sich."
Matthäus, Kap. 16, 13-16: Jesus kam in die Gegend von Cäsaräa Philippi. Da stellte er an seine Jünger die Frage: "Was meinen die Leute, wer ich als Menschensohn sei?" Sie erwiderten: "Die einen halten dich für Johannes den Täufer, andere für Elia, wieder andere für Jeremia oder sonst einen von den Propheten." Er fragte weiter: "Ihr aber – für wen haltet ihr mich?" Da gab Simon Petrus ihm die Antwort: "Du bist der Messias, der Sohn Gottes, des Erretters."
Erklärung: Aus der Fragestellung Jesu an seine Jünger geht hervor, daß sie mit dem Gesetz der Wiedergeburt vertraut gewesen sein mußten.
Markus, Kapitel 9, 12-13: "Jedesmal, wenn Elia kommt, hilft er, alles wieder zu Gott zurückzuführen. Ich sage euch, daß Elia bereits gekommen ist und daß man ihm alles antat, was man wollte und wie es von ihm geschrieben steht. In derselben Weise steht es ja auch von dem Menschensohn in der Schrift, daß er viel zu leiden hat und als Missetäter getötet wird."

Lukas, Kap. 9, 7-8: Inzwischen hatte auch der Vierfürst Herodes von den Taten Jesu gehört und wurde dadurch sehr beunruhigt. Denn manche behaupteten, Johannes sei in Jesus von den Toten auferstanden. Andere freilich meinten, Elia sei in ihm zur Welt gekommen; wieder andere glaubten, einer von den alten Propheten sei wiedergeboren.

Erklärung: Herodes hatte den Glauben an die Wiedergeburt; wäre dem nicht so gewesen, so hätte er nicht in Unruhe geraten müssen.

Johannes, Kap. 3, 3b-12 (Das Gespräch Jesu mit Nikodemus): "Glaube mir, wenn jemand nicht von oben geboren wird, kann er das Reich Gottes nicht sehen."

"Wie ist das möglich, daß ein Mensch geboren wird, wenn er schon alt ist?", fragte Nikodemus, "kann er vielleicht zum zweiten Mal in den Schoß seiner Mutter eintreten und geboren werden?" - "Ich kann dir nur wiederholen" entgegnete Jesu, "daß keiner in die Geisterwelt Gottes eintreten kann, wenn er nicht von einem Geist Gottes hineingeboren wird. Was aus dem Fleisch geboren wird, ist Fleisch, und was aus dem Geist geboren wird, das ist Geist. Darum brauchst du dich nicht darüber zu wundern, daß ich dir sagte, ihr müßtet von oben geboren werden. - Die Geisterwelt Gottes spendet Leben, wo sie will. Du kannst ihre Stimme vernehmen; doch weißt du nicht, woher sie kommt und wohin sie geht. So ist es auch mit jedem, der als ein Kind der Geisterwelt geboren ist." "Wie ist so etwas nur möglich?", fragte Nikodemus. "Wie?", entgegnete Jesus, "Du bist ein Lehrer Israels und verstehst das nicht? Was ich dir sage ist die Wahrheit. Denn was wir genau wissen, das lehren wir, und was wir gesehen haben, dafür treten wir als Zeugen auf. Freilich, ihr nehmt unser Zeugnis nicht an."

Erklärung:

Dieses Gespräch mit Nikodemus ist auf die Wiedergeburt in einem materiellen Körper bezogen, denn Jesus sagte ganz eindeutig:

"Wenn ich von irdischen Dingen zu euch redete und ihr mir keinen Glauben schenket, wie sollt ihr da glauben, sobald ich von überirdischen Dingen zu euch spreche?"

Jakobusbrief, Kap. 3,6 "Auch die Zunge ist ein solches Feuer. Sie birgt eine Welt voll Unheil in sich. Sie erweist sich als dasjenige unter unseren Gliedern, das den ganzen Leib mit Brandflecken bedecken kann. Sie wirft die

Brandfackel zwischen die Speichen des Schicksalsrades der Völker und holt sich ihren Brennstoff aus dem Höllenpfuhle."

Erklärung:

Das Rad des Schicksals – Wiedergeburt – wird oft in Bewegung gesetzt von den negativen Äußerungen der Zunge: Lügen, Verleumdungen, negative Reden, Wahrheitsänderungen usw. Das Geistwesen, das derartige negative Werke in Wort und Tat vollbringt, bleibt an das Rad der Wiedergeburt gebunden, bis alles gutgemacht ist.

Diese Jakobusbriefstelle ist ein eindrucksvolles Bild vom Gesetz "Ursache und Wirkung", welches das ganze Gesetz von der "Wiederverkörperung in einem materiellen Körper" = Wiedergeburt in Bewegung hält.

Die Reinkarnation hängt innig mit der Frage nach dem Sinn und Zweck des Erdenlebens zusammen und läßt sich nicht isoliert betrachten (Siehe Kapitel 9).

Durch unseren Ungehorsam gegen die Gesetze Gottes landeten wir auf der Erde, die Erlösungstat Christi ermöglichte es uns, aus der Gefangenschaft Luzifers zu entkommen. Innerhalb der uns gesetzten Frist von ca. 2.000 Jahren sollen wir durch wiederholte Existenzen, die unserer Aufwärtsentwicklung dienen, beweisen, daß wir nicht mehr Luzifer, sondern Gott und Christus dienen wollen.

Es wäre niemals möglich, alle unseren Untugenden in einem einzigen Erdenleben abzulegen, zu sehr haben wir uns alle im Laufe von Äonen belastet. Jedoch gibt es keine feststehenden Zahl von Inkarnationen, sondern der Mensch bestimmt mit seinem freien Willen das Tempo seiner Aufwärtsentwicklung und damit die Zahl der Inkarnationen.

Während man in früheren Zeiten hoffen konnte, das Ablegen noch bestehender Untugenden auf eine künftige Existenz zu verschieben, ist heute Eile dringend geboten, da die Wiederkunft Christi und die damit verbundene Höherpotenzierung der Erde in Kürze bevorsteht.

Auf der neuen gereinigten Erde kann man nur inkarnieren, wenn man bereits eine gewisse Schwingung aufweisen kann.

"reincarne" – bedeutet: wieder ins Fleisch gehen = einen menschlichen Körper annehmen. Dies ist eine Auswirkung des Gesetzes von Ursache und Wirkung.

Karma

Dies ist die Gesamtheit aller noch nicht abgetragenen Verfehlungen eines Wesens, die man gleichsam als Hypothek in die neuerliche Inkarnation mitbringt. All das ist im Keimatom aufgezeichnet und kann von den Herren des Karma (hohen Lichtwesen) gesehen und beurteilt werden.

Arten des Karmas

Unbedingtes Karma: Muß durchgetragen werden. Es handelt sich hier um schwere Verfehlungen gegen die Gesetze der Nächstenliebe, deren Auswirkungen das Wesen am eigenen Körper erfahren muß, um von dieser Prägung frei zu werden. Hier wirkt aber die Gnade und Barmherzigkeit Gottes, da die Auswirkungen nie so schwer sind, wie die Fehler, die man selbst begangen hatte.

Bedingtes Karma: Kann bei völligem Ablegen, der Untugend, die zum Karma führte, gelöscht werden. Dies ist z.B. der Fall bei Wunderheilungen. Unser Heimweg zu Gott verläuft in Form einer Spirale, sich abwechselnder Existenzen auf der feinstofflichen Ebene als Geist und auf der materiellen Ebene als Mensch.

Zunächst auf der Erde, und wenn wir diese überwunden haben, auf höherstehenden Planeten, zuerst grobstofflicher, später halb-materieller und zuletzt feinstofflicher Art, bis wir zu unserem Ausgangspunkt in den 2. Sonnen, den Paradieswelten, zurückgekehrt sind. Dabei soll zunächst das Christusbewußtsein, später das Gottesbewußtsein entwickelt werden. Die Vorstellung, sofort nach unserem irdischen Tod in die Nähe Gottes zu gelangen, ist daher sehr kindlich und zeugt von großer Unwissenheit. Kein Weg führt aber an Christus, unserem Herrn und Erlöser, vorbei. ("Keiner kommt zum Vater, denn durch mich!") Menschen, die in ihrem Leben einer nicht christlichen Konfession angehörten, sich aber bemühten, nach den Vorschriften ihrer Gemeinschaft zu leben, werden dann im Jenseits belehrt und aufgeklärt. (Manche entwickeln ohne je von Christus gehört zu haben, die christlichen Tugenden, wie Demut, Sanftmut, Liebe).

Wenn wir die Erde und ihre sie umgebenden Sphären überwunden haben, dann ist dies bereits ein gewaltiger Fortschritt, weil wir dann dem unmittelbaren Einfluß Luzifers entzogen sind, der ja Herr dieser Erde, wenn auch nur mehr für kurze Zeit, ist. Die geistige Entwicklung verläuft auf der Erde 500 – 800 mal schneller als im Jenseits, da wir hier den besten Anschauungsunterricht haben. Hier lebt der höchst entwickeltste Mensch neben dem noch ganz wenig entwickelten, während im Jenseits, wo das Ähnlichkeitsgesetz wirkt, nur ähnlich Entwickelte zusammen leben.

Bevor ein Wesen hier inkarniert, wird es von den Herren des Karma belehrt und aufgeklärt. Es wird ihm z.b. gezeigt, worauf es in seinem künftigen Erdenleben besonders achten soll, welche Untugenden abzulegen und welche Tugenden entwickelt werden sollen.

Die Inkarnation erfolgt ab einem bestimmten geistigen Entwicklungsgrad mit voller Zustimmung des Inkarnierenden. Zeit, Ort, Familie und äußere Umstände, sind in einem bestimmten Rahmen vorgegeben. Die meisten von uns traten mit den besten Vorsätzen, alles wieder gut zu machen und sich geistig höher zu entwickeln, in dieses Leben. Aufgrund des Ähnlichkeitsgesetzes werden wir in eine uns ähnliche Familie hineingeboren .Charaktereigenschaften und Talente werden nicht vererbt, sondern Wesen, die einander ähnlich sind, inkarnieren gemeinsam. Natürlich haben Erziehung und Vorbild der Eltern auch einen prägenden Einfluß auf die Entwicklung des Menschen.

Wir kommen meist mit Menschen in einer Familie zusammen, die wir schon aus einem Vorleben kennen, an denen wir bestimmte Aufgaben zu erfüllen oder Bindungen zu lösen haben. Es kommt aber auch vor, daß ein Familienmitglied völlig aus der Art schlägt und ganz andere Interessen, Eigenschaften und Talente besitzt, als alle übrigen. In diesem Fall soll ihm die Möglichkeit gegeben werden, bisher nicht entwickelte Talente und Fähigkeiten zu entfalten oder am Beispiel der anderen zu reifen.

Nach jedem Erdenleben wird uns anhand des Lebenspanoramas sowohl unser Vorsatz, als auch der Erfolg unserer Inkarnation gezeigt. Leider können die meisten nur einen Bruchteil ihrer Vorsätze verwirklichen. Manche lebten ihr Leben aus geistiger Sicht, überhaupt umsonst oder fielen sogar auf eine tiefere Stufe als vor ihrer Inkarnation. Ein Absinken auf die Stufe des Tieres ist aber unmöglich, da der Gottesfunke nicht genommen wird. (Irrtum der östlichen Religionen)

Freiwillige Inkarnationen von oben. Obwohl die Menschheit zum Großteil aus gefallenen Geistern besteht, die ein Erdenkleid annahmen, um sich
geistig höher zu entwickeln, gibt es auch freiwillige Inkarnationen von
Wesen, die nie gefallen sind, sich aber aus Liebe zu ihren gefallenen Geschwistern inkarnieren.

Liebesdienste für einzelne bestimmte Menschen z.B. früh verstorbene
Kinder. Um Eltern auf den geistigen Weg zu bringen, nehmen Wesen ein
kurzes Erdenleben auf sich. Ihr früher Tod rüttelt die Eltern auf und sie
beginnen aufgrund des schmerzlichen Verlustes ihres Lieblings nach dem
Sinn und Zweck ihres Erdenlebens zu suchen.

Missionen für die gesamte Menschheit. Hohe, nie gefallene Wesen inkarnieren, um die gesamte Menschheit in ihrer geistigen Entwicklung zu fördern. Dies war der Fall bei den Propheten des alten Bundes, bei Buddha,
Mohammed, Mutter Maria und allen voran, Christus.

Jeder, der hier im Herrschaftsbereich Luzifers lebt, unterliegt allen Beschrän-
kungen der grobstofflichen Materie und es dauert oft geraume Zeit bis sich
das Wesen seiner geistigen Herkunft und seines Auftrages bewußt wird.
Ebenso ist es den stärksten Versuchungen Luzifers und seiner Vasallen
ausgesetzt. Dadurch scheiterten manche, erlagen den Versuchungen und
banden sich an das Rad der Wiedergeburt (z.B. war Petrus die Wiedergeburt von Buddha – später Franz Xaver, der beinahe in der Gosse gelandet
wäre). Wie wir wissen, war selbst bei Christus, dem höchsten Geschöpf,
die Gefahr gegeben, daß er hätte scheitern können. Auch bei ihm dauerte
es geraume Zeit, ehe er sich seines Auftrages und seiner Herkunft bewußt
wurde. In seinem Ausspruch an die Phariäser, wollte er ihnen klar machen,
daß er sich von ihnen deutlich unterschied: "Ihr kommt von der Tiefe, ich
aber komme von der Höhe!"

Reinkarnation

Beweise für die Reinkarnation

Tolerante Leugner der Reinkarnation meinen, daß es zwar keine Beweise dagegen, aber auch keine dafür gäbe. Sie haben sich mit dieser Thematik noch viel zu wenig auseinandergesetzt, da es gerade in dieser Hinsicht schon wissenschaftlich fundierte Tatsachen gibt.

Logische Argumente: Wenn man an einen gerechten Schöpfer glaubt, dann ist es unmöglich anzunehmen, daß Er Seinen Kindern nur die Möglichkeit eines einzigen Erdenlebens gibt und sie so unterschiedlich behandelt.

Nahtoderlebnisse Reanimierter: Bei solchen Erlebnissen werden dem Betroffenen oft Zusammenhänge aus dem Vorleben gezeigt. Dabei werden oft nachprüfbare Aussagen über frühere Kulturen gemacht, die ihm bisher völlig unbekannt waren (auch nicht durch Filme oder Bücher).

Beispiel: Der Schweizer, Dr. Jankowicz, der nach einem Autounfall klinisch tot war und der, als es den Ärzten gelang, ihn wieder ins Leben zurückzuholen, sein Jenseitserlebnis schilderte. So wie viele andere, die ein ähnliches Erlebnis hatten, wollte er nicht mehr zurück in seinen materiellen Körper. Es wurde ihm aber von jenseitigen, liebevollen Wesen gezeigt, daß er noch etwas aus einer Vorexistenz zu bereinigen hätte und die Zeit seines Übergangs noch nicht gekommen wäre. Nach seiner Genesung wurde er ein gläubiger Mensch und trat sogar im Fernsehen auf, um den Menschen die Wahrheit zu vermitteln.

Außerkörperliche Erlebnisse: Auch in diesem Zustand, der entweder bewußt herbeigeführt oder aufgrund von Schockerlebnissen (Unfall, Operation, ...) entsteht, erinnert sich der Mensch häufig an frühere Existenzen. Da die Einengung durch die Materie (menschlicher Körper) wegfällt, ist der Denkvorgang wesentlich klarer.

Traumerlebnisse: Sich öfter wiederholende Traumszenen deuten auf Ereignisse aus früheren Leben hin.

Rückführung in Hypnose: Menschen werden in Hypnose in der Zeit immer weiter zurückversetzt, bis eine frühere Existenz erscheint. Oft sprechen sie dann in fremden, unbekannten Sprachen, beschreiben Gegenstände der damaligen Zeit, die heute unbekannt sind, beschreiben ihre Grabstätten aus früheren Leben genau, die man dann tatsächlich auch finden kann. Es gibt viele sorgfältig geprüfte, nachgewiesene Fälle dieser Art. Rückführungen in Hypnose sind jedoch abzulehnen, da sie nicht gottgewollt sind (siehe später).

Deja-vu-Erlebnisse: Manche Menschen, die sich das erste Mal an einen für sie bisher unbekannten Ort begeben, erscheint alles völlig vertraut und sie finden sich mühelos zurecht. Oft begegnet man auch Menschen, die man bisher noch nie gesehen hatte und man glaubt, sie schon lange zu kennen.

Bewußte Erinnerungen: Einige Menschen können sich ganz bewußt an frühere Leben erinnern. Die meisten davon sind Kinder. Dies betrifft nicht nur solche, die aufgrund ihrer konfessionellen Einstellung ohnehin an Reinkarnation glauben.

Die häufigsten Argumente gegen die Reinkarnation

Die Reinkarnation ist mit dem christlichen Gedankengut nicht zu vereinbaren: Bis zum Konzil von Konstantinopel war die Reinkarnation ein fester Bestandteil des christlichen Glaubens, wie die vorher zitierten Bibelstellen zeigen. Auch jene Stelle, die von den Reinkarnationsgegnern gerne als Gegenbeweis verwendet wird, wo Jesus den Blinden am Wegrand trifft und seine Jünger ihn fragen: "Wer hat gesündigt? Er oder seine Eltern?", beweist doch, daß den Jüngern das Karmagesetz bekannt war. Die Antwort Jesu: "Weder er, noch seine Eltern", gilt nur in diesem speziellen Fall. Wäre die Reinkarnationslehre in den Augen Jesu eine Irrlehre, er hätte, so wie in vielen Fällen, sich nicht gescheut, dies zu sagen. Davon gibt es aber in der ganzen Bibel keinen Hinweis!

Kirchliche Kreise sprechen auch gerne im Zusammenhang mit Reinkarnation von "Selbsterlösung", was sie in Unkenntnis der Sachlage als negativ empfinden, weil ja nach ihrer Ansicht, Christus uns von all unseren Sünden in Vergangenheit, Gegenwart und Zukunft, erlöst hätte. Wozu braucht man dann noch das Fegefeuer? Wie bereits erwähnt, brachte nicht sein Kreuzestod die Erlösung, sondern das letzte Gericht, der Pakt mit Luzifer, machte uns den Weg für unsere Rückkehr frei.

Fehlende Erinnerung an Vorexistenzen: Dies ist eine Gnade und Barmherzigkeit Gottes, denn die Belastung durch frühere Verfehlungen wäre viel zu groß. Bei Erinnerungen an Leben, wo man eine hochgestellte Persönlichkeit war, würden wir zum Hochmut verleitet werden. Der Hochmut führte zum Abfall von Gott!. Man könnte Mitmenschen, zu denen karmische Verbindungen aus früheren Leben bestehen, nicht unvoreingenommen begegnen.

Reinkarnationserlebnisse kommen aus dem "Unterbewußtsein": Das sogenannte "Unterbewußtsein" wurde von Sigmund Freud geprägt und von seinen Nachfolgern übernommen. Es ist aber ein rein theoretischer Begriff, der in Wirklichkeit nicht existiert. Die Wissenschafter sind bei allen außergewöhnlichen, geistigen Phänomenen, die sie mit den herkömmlichen Methoden nicht erklären können, sehr schnell mit dieser Bezeichnung bei der Hand, können aber weder erklären, wie dieses "Unterbewußtsein" funktioniert, noch wo es im menschlichen Körper seinen Sitz hat. Uns Menschen ist entweder etwas bewußt, oder nicht bewußt.

Die Frist von 2.000 Jahren, die der Menschheit zu ihrer Höherentwicklung eingeräumt wurde, verstrich fast nutzlos. Nur ganz wenigen ist es gelungen, vom Rad der Wiedergeburt frei zu werden. Viele belasteten sich bei neuerlichen Inkarnationen schwerer als früher und so kann von einem geistigen Fortschritt der gesamten Menschheit nicht die Rede sein.

Nun aber drängt die Zeit, da die Höherpotenzierung der Erde noch in diesem Jahrhundert stattfinden wird, wie aus den Offenbarungen hoher Lichtwesen deutlich hervorgeht. Reinkarnationen auf der neuen Erde setzen aber einen bestimmten Mindestentwicklungsgrad voraus. Wenn wir es aber diesmal schaffen, dann brauchen wir nie mehr auf einem so tief stehenden Planeten, wie es die Erde ist, inkarnieren.

Reinkarnation ist ein wichtiger Schlüssel zum Verständnis der geistigen Zusammenhänge. Einfach und kristallklar eröffnet er dem Suchenden die Wahrheit und erübrigt alle spitzfindigen und komplizierten Theorien.

Wohl dem, der ihre wunderbare Lehre annehmen kann!

Zur Bewältigung unserer Lebensaufgabe hier auf Erden, aber auch in höheren Sphären, ist die Kenntnis der Gesetze Gottes und vor allem ihre Befolgung, unbedingt notwendig. Sie tragen aber auch dazu bei, daß wir schon jetzt und hier, zufriedene und glückliche Menschen werden.

"Das Himmelreich ist in dir!" sagte unser Herr und Erlöser.

Die Macht und die Kraft der Gedanken

Die verheerenden Zustände, die auf dieser Erde herrschen, wie die Überbetonung der Materie, die Profitgier, der Machtwahn, die zur Zerstörung unserer eigenen Lebensgrundlagen führten, haben ihre Ursache in der Negierung alles Geistigen.

Der Mensch weiß sehr wenig von den Gesetzen des Kosmos, aber noch weniger von den geistigen Kräften, die in ihm wirksam sind!

In längst vergangenen Kulturen, wie Lemuria und Atlantis, aber auch in Ägypten, Griechenland, verfügte man über ein höheres geistiges Wissen, als die heutige Menschheit.

Es ist hoch an der Zeit, daß wir uns endlich unseres geistigen Erbes bewußt werden, das uns von unserem Schöpfer in die Wiege gelegt wurde.

Es gibt aus kosmischer Sicht nichts Höheres und Wichtigeres als die Kenntnis, Beherrschung und bewußte Anwendung der Gedankenwissenschaft! Sie waren früher eine Geheimwissenschaft, die nur Eingeweihten zugängig war und wurde von Geheimbünden, wie z.B. den weißen Bruderschaften verbreitet. Die Zeit erfordert es, daß sie heute für die Allgemeinheit erschlossen wird. Ob wir ihre wunderbaren Lehren annehmen können, wird für uns entscheidend sein, wenn wir im Wassermannzeitalter bestehen wollen.

Der Gedanke ist die Grundlage alles Geschehens, hier auf dieser Erde, und im ganzen Kosmos!

Bevor eine Tat gesetzt wird, sei es im Positiven oder im Negativen, muß sie vorher im Gedanken entstanden sein. Jeder Architekt hat, bevor er mit dem Bau eines Hauses beginnt, den Plan zuerst im Kopf, jede Erfindung, ganz gleich welcher Art, muß zuerst im Geiste geplant werden. Ebenso entstehen negative Taten, wie Morde, Kriege ... zuerst im Gedanken.

Unsere Erde, ja der ganze Kosmos, entstand durch die geistige Kraft unseres Schöpfers, der die höchste Denkkraft aller Wesen besitzt.

"Am Anfang war das Wort = Gedanke des Schöpfers"

Diese absolute Denkkraft offenbart sich in jeder kleinen Schneeflocke, jeder Blume, im menschlichen Körper, in der wunderbaren Ordnung des Kosmos.

Max Planck, der Begründer der Quantentheorie, sagte schon 1930 auf einem Kongreß in Florenz: "Als Physiker, als ein Mann, der sein ganzes Leben der Erforschung der Materie gewidmet hat, bin ich sicher vom Verdacht frei, für einen Schwärmer gehalten zu werden. Und so sage ich nach meiner Erforschung des Atoms: "Es gibt keine Materie an sich! Der Geist ist der Urgrund aller Materie!"Dieser Wissenschafter hat die Wahrheit erkannt, denn wir unterliegen bei unseren Wahrnehmungen einer Sinnestäuschung, da wir z.B. nicht erkennen können, daß in jedem scheinbar festem Gegenstand, Atomteilchen um den Atomkern kreisen. Wir sehen daher die Welt nicht so, wie sie ist, sondern so, wie sie uns unsere Sinnesorgane vorspiegeln!

Als erstes müssen wir lernen, richtig zu denken, denn:
Nur wer richtig denkt, kann auch folgerichtig handeln!

An verschiedenen Beispielen von Menschen, die mit ihren Gedanken die Menschheit beeinflußten, können wir die Wirkungen des richtigen Denkens erkennen. Mit ihrem Gedankengut, ihrer Strahlkraft, waren sie anderen Lehrer und Führer und haben die Geschicke der Menschheit bis in die Gegenwart nachhaltig beeinflußt. Denken wir an die Persönlichkeit eines Konfutius, eines Buddha, Gandhi ...

Der Mensch mit der höchsten Denkkraft, der je die Erde betreten hatte, war Jesus, der Christus, in der menschlichen Gestalt des Jesus von Nazareth. Die uns aus der Schrift überlieferten "Wunder" sind Wirkungen der Anwendung geistiger Gesetze. Er gebot dem Sturm, heilte Kranke, verwandelte Wasser in Wein, trieb böse Geister aus, mit der Kraft seiner Gedanken.

Zu allen Zeiten gab es Menschen, die mit der Kraft ihrer Gedanken Phänomene hervorbringen konnten, die man als sogenannte "Wunder" bezeichnet. Diese Menschen beherrschten "nur" die geistigen Gesetze, die anderen nicht bekannt waren, bzw. die nicht daran glaubten.

Sie wurden entweder als Heilige verehrt oder als Hexen und Zauberer auf dem Scheiterhaufen verbrannt.

Bewußt und gezielt eingesetzt, ist es möglich, mit den geistigen Kräften Menschen und Tiere zu heilen, das Pflanzenwachstum zu beeinflussen, in das Wettergeschehen einzugreifen, Nachrichten ohne jedes technische Hilfsmittel zu übertragen (Telepathie), schwere Gegenstände zu befördern (Telekinese), wie es im Falle des Pyramidenbaus im alten Ägypten geschah. Man kann die geistigen Kräfte zum Heil und Segen der Menschen anwenden, man kann sie aber auch mißbrauchen.

In den versunkenen Kulturen Lemuria und Atlantis, war die Anwendung der Gedankenkräfte Allgemeingut. Die Bewohner mißbrauchten sie aber und das Ergebnis war eine völlige Zerstörung und ihr Untergang.

Dem Großteil der Menschen sind diese Zusammenhänge unbekannt.

Die Entwicklung der Geisteskräfte ist in Wahrheit eine geistig-moralische!

Werden die Chakren von außen mechanisch durch bestimmte Techniken frühzeitig geöffnet, dann wird der Mensch ein Spielball negativer Kräfte und das Endergebnis kann Irrsinn oder Selbstmord sein.

Unzählige Menschen geraten aus geistiger Unwissenheit in äußerste Gefahr, indem sie Kurse für Yoga, autogenes Training, Meditation, Hypnose, besuchen, in gutem Glauben weil sie sich eine rasche geistige Entwicklung versprechen. Meist leisten sie sogar einen nicht geringen, finanziellen Beitrag zu ihrem eigenen Schaden. Die Leiter dieser Kurse verfügen meist nicht über das notwendige geistige Wissen und ahnen nicht, wie groß ihre Verantwortung ist und wie sehr sie sich belasten.

Die Mindestanforderung für die Entwicklung der geistigen Kräfte ist zuerst die Beherrschung der Gedanken und Gefühle!

Tests mit Versuchspersonen haben gezeigt, daß Gedankenenergien an Stärke alle anderen bekannten Strahlungen übertreffen.

Man setzte sie in Betonkammern und Stahlkäfige weil man annahm, daß die Gedankenkräfte sich ähnlich wie Röntgenstrahlen verhielten. Die Gedanken konnten jedoch alle Hindernisse überwinden.

Die Auswirkungen der Gedanken

Vor allem an den Auswirkungen können wir deutlich den Einfluß und die Kraft der Gedanken erkennen.

Positive Auswirkungen: Glaube, Hoffnung, Zuversicht, Vertrauen, Liebe,...

Sie bewirken: Schönheit, Harmonie, Gesundheit. Menschen, denen es gelingt, nur mehr positiv zu denken, erreichen Erstaunliches.

In der Medizin wird diese Tatsache genutzt. Jeder Arzt weiß, daß bei Patienten mit einer positiven Einstellung zu ihrer Krankheit, die Heilung viel bessere Fortschritte macht, als bei denen, die an ihrer Gesundung zweifeln. Vertrauen zwischen Arzt und Patient kann wahre Wunder wirken, ebenso Hoffnung und Vertrauen in die Wirkung eines Medikaments, ohne daß chemische Substanzen auf den materiellen Körper wirken = Placeboeffekt. Ein guter Arzt, der selbst von der Heilung seiner Patienten überzeugt ist, überträgt seine Hoffnung, seine Zuversicht auf sie und trägt damit wesentlich zu ihrer Heilung bei.

Die geistige Hilfe bewährt sich in allen schwierigen Lebenslagen. Liebevolle, positive Gedanken für andere, können wesentlich zum Erfolg beitragen. Z.B. kann man mit geistiger Hilfe Prüfungskandidaten zu einem guten Prüfungsergebnis verhelfen. Voraussetzung dafür ist allerdings, daß sie selbst durch gute Vorbereitung alles dazu beitragen!

Negative Auswirkungen: Negative Gedanken, wie Neid, Zorn, Mißgunst, Zweifel, Sorge, Angst, ... bewirken Disharmonie, Mißerfolg, Krankheit. Dies ist den Ärzten durch die Psychosomatik längst bekannt. Negative Gedanken und Gefühle wirken sich zunächst als Disharmonie am feinstofflichen Körper aus und, wenn sie länger andauern, am materiellen Körper. Es ist nur eine Frage der Zeit, bis eine seelische Disharmonie als sichtbare Krankheit ausbricht!

Beispiele:

Herrschsucht kann zu Asthma führen, Neid schlägt sich auf die Leber, Angst erzeugt oft Angina, 40 – 60% der Herz- und Kreislauferkrankungen sind auf einen Mangel an geistiger Liebe zurückzuführen usw.

Starke negative Gedanken können auch sofortige körperliche Auswirkungen haben. Ein Beispiel sind die Scheinschwangerschaften, Bildung von schmerzhaften Geschwulsten durch die Vorstellung, von einem Insekt gestochen worden zu sein. Im Extremfall können negative Vorstellungen und Ängste sogar zum Tod führen.

Als ein Bahnbediensteter einen Kühlwagen reparierte, verklemmte sich die Türe, er wurde eingeschlossen und der Zug fuhr ab.

Da er fest der Meinung war, erfrieren zu müssen, schrieb er einen Abschiedsbrief, in dem er alle Symptome des Erfrierungstodes genau schilderte. Als der Zug ankam und die Türe geöffnet wurde, war der Mann tot. Zum Erstaunen aller, sah man, daß das Kühlsystem ausgefallen war und die Temperatur +17°C betrug. Seine Angst hatte ihn umgebracht.

Die Entstehung der Gedanken

Hier liegt ein grundlegender Irrtum der Wissenschaft vor:
Gedanken entstehen nicht durch chemische und physikalische Prozesse im materiellen Gehirn!

Die Wissenschafter glaubten lange Zeit und viele glauben es noch heute, daß Gedanken durch chemische und physikalische Prozesse im Gehirn erzeugt werden. Dem widerspricht aber die Tatsache, daß einerseits bei Obduktion von Geistesgestörten im Gehirn keinerlei krankhafte Veränderungen nachzuweisen waren und daß andererseits nach schweren Gehirnerkrankungen, oft bei völliger Zersetzung des Gehirns, oder nach Unfällen, der Mensch völlig normal denken konnte.

Das Gehirn erzeugt ebensowenig die Gedanken, wie das Uhrwerk die Stunden oder der Fernsehapparat die Fernsehsendung!

Es ist nur Mittel zum Zweck während unseres irdischen Lebens. Es kann speichern, abrufen, aber keine neuen Gedanken erzeugen.

Unser eigentliches Bewußtsein (geistiges Gehirn) ist nicht materiell, sondern feinstofflich und daher unzerstörbar. Es ist daher auch nicht möglich, es durch Selbstmord auszulöschen, ganz im Gegenteil: Im feinstofflichen Zustand treten alle Gedanken und Gefühle viel stärker zutage, da die schützende Hülle des materiellen Körpers fehlt. Schon aus diesem Grund sollten wir schon jetzt lernen, unsere Gedanken zu kontrollieren, weil wir es dann in der jenseitigen Welt viel leichter haben.

Der Mensch als Erzeuger oder Träger von Gedanken

Erzeuger

Unser geistiges Bewußtsein, kann angeregt durch die Sinneseindrücke, Gedanken erzeugen. Je nach dem Bewußtseinszustand kann dieselbe Sinneseinwirkung bei einem Mensch positive, beim anderen negative Gedanken hervorrufen. Z.B. löst der liebliche Gesang eines Vogels bei dem einen Gedanken der Freude und Dankbarkeit seinem Schöpfer gegenüber aus, ein anderer empfindet Gedanken des Mißmutes, weil er sich in seiner Ruhe gestört fühlt. Nur 12% der Gedanken erzeugt der Mensch selbst.

Träger

Den Großteil der Gedanken erzeugen wir nicht selbst, sondern übernehmen wir von anderen. Wir sind ständig von einem ungeheuren Meer von Gedanken und Gefühlen umgeben, die von anderen Menschen oder feinstofflichen Wesen ausgesendet werden. Wir nehmen allerdings nur jene auf, die aufgrund des Ähnlichkeitsgesetzes zu unserem Bewußtseinszustand passen.

Auf diese Weise versucht die geistige Welt, die von Wesen der unterschiedlichsten Entwicklungsstufen bevölkert ist, uns Menschen zu beeinflussen:
- um uns in unserer geistigen Entwicklung zu helfen – Geisterwelt Gottes in Form von *Inspirationen*
- um auf sich aufmerksam zu machen - unwissende Wesen (arme Seelen) oder um uns zu schaden - Wesen der Dunkelheit in Form von *Suggestionen*

Infolge ihrer anderen Schwingung können sie von den meisten Menschen außer jenen, die die Fähigkeit des Hellsehens, Hellhörens oder Hellfühlens besitzen, nicht wahrgenommen werden und sie empfinden die aufgenommenen Gedanken und Gefühle fälschlich als ihre eigenen. Der Mensch bestimmt aber durch seine eigenen Gedanken, Gefühle und Taten, seine geistige Umgebung.

Gedanken- und Gefühlskontrolle

Für die geistige Weiterentwicklung ist es unbedingt erforderlich, sich ständig zu beobachten und sich zu fragen:
"Was denke und fühle ich?"
"In welchem Zusammenhang? und
wie stark sind meine Empfindungen und Gefühle?"
Gedanken sind keineswegs zollfrei, jeder, sowohl der Erzeuger, der Träger und der Weitergeber, sind für ihre Gedanken voll verantwortlich!

Die 12 Geisteskräfte des Menschen

Die Wissenschaft hat durch Forschungen festgestellt, daß der moderne Mensch nur ein Zehntel seiner Geisteskräfte tatsächlich benützt. Alles andere liegt brach oder wird leichtfertig nach außen abgegeben. Völlig unbewußt wird der Mensch dadurch zum Handlanger negativer Wesen, die nur darauf warten, um mit der frei gewordenen Lebenskraft im Negativen zu wirken.

Derzeit sind die Geisteskräfte, auch Chakren oder Elementseelen, noch überwiegend unbewußt tätig. Die Zukunft aber erfordert es, daß jeder aktiv und voll Intensität mit ihnen sein Leben gestaltet, denn wir alle sollen uns zuerst zu einem freien Geist und der freie Geist, zu einem vollkommenen Geist entwickeln.

Entnommen aus dem gleichnamigen Buch von G. Weidner.

Geisteskraft	Körperlicher Sitz/Drüsen	Symbol	Positive Auswirkungen	Krankheiten (Mißbräuche)
Glaube	Stirn/Pinealdrüse	Petrus	Hellsehen, Heilungen	Augen, Ohren
Stärke	Lenden/Adrenalindrüsen	Andreas	Energie, Vitalität, Mut, Dynamik, Ausdauer, Beharrlichkeit, Widerstandsfähigkeit	psychosomatische Leiden
Beurteilung und Gerechtigkeit	Solar-Plexus	Jakobus der Ältere (Sohn des Zebedäus, Bruder des Johannes)	Wissen, Erkenntnis	Magen, Leber, Galle (Kritiksucht, falsches Märtyrertum)
Liebe	Herz - Brust/Thymusdrüse	Johannes (Bruder Jakobus' des Älteren)	Harmonie für sich und andere	Herz, Kreislauf (Ärger, Streit, Haß, Neid usw.)
Schwingungsenergie	Hals/Schilddrüse	Philippus	Bewußtes Schließen der Aura, Auflösung neg. Schwingungen	Hals, Stimmbänder (Kritik- und Verleumdungssucht)
Vorstellung	Kleinhirn/Hypophyse	Bartholomäus	Denkkraft, Erfindungsgabe, Harmonie (Farben, Musik)	Gehirn, Nerven (erzwungene Konzentration)
Verstehen und Weisheit	Vorderhirn	Thomas	Telepathie und Intuition, Intelligenz, Gedächtnis, Beziehung zum Schutzgeist	führt meist zum Mißbrauch des Willens (siehe dort)
Wille	Vorderhirn	Matthäus	persönliche Entwicklung	Kraftverlust (Erregung und Ausüben von Zwang)
Ordnung	Nabelgegend	Jakobus der Jüngere (Sohn des Alphäus)	Harmonie, Schutz, positiver Umgang mit Mitmenschen, Abbau negativer Schwingung	Allgemeinbefinden, Infektionskrankheiten
Freude und Begeisterung	Hirnanhangmitte	Simon, der Kanaaniter	aktives Leben, Enthusiasmus, Kraft des Vollbringens	Sinnesorgane, Nerven (blinder Eifer, Fanatismus)
Ausscheidung und Verzicht	Ausscreidungsorgane	Thaddäus	Bekennermut, Loslassen-Können, persönliche Entwicklung	Ausscheidung, Stoffwechsel, Körpergerüche (Festhalten an Gewohnheiten, Gedanken ...)
Lebensenergie	Geschlechtsorgane	Judas Iskariot, später Matthias	Vitalität, persönliche Entwicklung	Immunsystem, z. B. AIDS; vgl. Geisteskraft der Ordnung

Das Gebet als helfende, heilende Macht

Im Gottesfunken, den wir bei unserer Erschaffung erhielten, tragen wir das Licht unseres Schöpfers in uns. Leider haben wir es durch unseren Fall verdunkelt und mit vielen Hüllen umgeben, sodaß es nicht nach außen strahlen kann. Trotzdem trägt es jeder noch so tief gefallene Mensch in sich, denn es ist ewig und unzerstörbar. Wir brauchen daher nicht Gott in den fernsten Sphären des Kosmos zu suchen, denn durch den Gottesfunken tragen wir Ihn in uns.

Wir als kleine Menschen sind ohne Gott eine Null und vermögen gar nichts. Wenn wir aber unsere geringen geistigen Kräfte mit der absoluten Kraft unsres Schöpfers verbinden, vor der Null die geistige 1 = Gott setzen, dann erhält unser kleines menschliches Ich einen wesentlich höheren Stellenwert. Aus der 0 kann 10, 100, 1000, ... werden und wir können gewaltige geistige Kräfte in Bewegung setzen, die dann Ergebnisse erzielen, die man als Wunder bezeichnet.

Das Gebet ist also die Verbindung mit der göttlichen Welt.

Richtig zu beten, muß allerdings gelernt sein, um die gewünschten Gebetserhörungen zu erzielen. Gefühllos dahergeplapperte Litaneien egal in welcher Form, bewirken gar nichts. Denken wir an die Stelle in der Schrift, wo es heißt: "Dieses Volk ehrt mich mit den Lippen, aber mit seinem Herzen ist es weit weg von mir!"

Die Bitte, die wir unserem Schöpfer und der geistigen Welt vortragen, muß tief aus unserem Inneren kommen und mit voller Überzeugung vorgetragen werden. Mit dem Gebet sollten wir fernab von den Problemen dieser Welt, uns hinaufschwingen in die Regionen des Lichtes und der Liebe, um jene Eingebungen zu erhalten, die wir benötigen. Je inniger, aufrichtiger und konzentrierter wir beten, umsomehr erfahren wir die Schönheit, Harmonie, das Licht und die Liebe der höheren Welten. Ein Tor zum Unendlichen öffnet sich und der Betende empfängt die reinen göttlichen Schwingungen in Form von erhabenen, tröstlichen Gedanken.

Ein richtig gesprochenes Gebet stellt die höchste Form des positiven Denkens dar.

Ein österreichischer Ingenieur unternahm wissenschaftliche Versuche mit hellsichtigen Personen um festzustellen, was beim Gebet geschieht. Die Versuchspersonen beschrieben übereinstimmend beim Gebiet verschiedene *Gedankenformen:*

Vater unser: Zunächst erscheinen um den Kopf des Betenden blaue bis violette Wolken. Nach längerem Beten bildet sich eine hellblaue Kugel. Dauert das intensive Gebet an, entsteht ein großer, blauer Kegel, dessen Basis an der Zimmerdecke liegt und die Spitze das Haupt des Betenden berührt. Beim Aussprechen des Namens Jesu Christi entsteht ein sonnenhaft leuchtendes Dreieck auf der Brust des Betenden.

Praktische Hinweise für das Gebet

Wie auch im Materiellen, in der Technik, bei der Bedienung von Computern und Maschinen, bestimmte Richtlinien beachtet werden müssen, um den gewünschten Erfolg zu erzielen, so sind auch im Geistigen bestimmte Regeln einzuhalten.

Um sich voll konzentrieren zu können, ist Stille notwendig. In der heutigen Hektik und Trubel des Alltags, gelingt es wenigen Menschen sich auf das Gebet voll zu konzentrieren.

Auch die negativen Wesen wissen um die Kraft und Wirkung des Gebets und deshalb versuchen sie, uns allerlei ablenkende Gedanken und Gefühle einzugeben. Es ist daher zweckmäßig, bevor man beginnt, in dem Raum, in dem man betet, im Gedanken ein weißes Kreuz aufzustellen und um Einströmen von Liebe, Friede und Harmonie zu bitten, das den ganzen Raum erfüllen möge. Außerdem bittet man um Schutz und Hilfe durch Einhüllen in den göttlichen Schutzmantel oder um den blauen Mantel von Mutter Maria.

Volle Konzentration aller Gedanken auf Gott oder Christus. Falls andere Gedanken kommen – abweisen.

Die Bitte soll klar formuliert, einfach, und mit eigenen Worten vorgebracht werden.

Unbedingter Glaube und Gottvertrauen, daß Hilfe zuteil wird, ist notwendig! Jesus sagte: "Hättet ihr einen Glauben wie ein Senfkorn, ihr könntet Berge versetzen."

Gefühle oder Gedanken des Zweifels verhindern von vornherein die Erfüllung. Alles, Gott und Christus hinlegen und sagen: "Vater, dein heiliger Wile geschehe!"

Jedes Gebet, das ehrlich gesprochen wird, nützt, auch wenn es nicht sofort in Erfüllung geht und auf andere Weise, als wir Menschen es uns vorstellen können, da wir oft nicht übersehen können, was für uns gut ist.

Egoistische Gedanken, deren Erfüllung anderen schaden könnten, werden natürlich nicht erhört.

Nach Beendigung, wieder Bitte um Schutz.

Gerade jetzt, in der Zeit der Wende und Umwandlung, ist es notwendig, viel Zeit für das Gebet aufzuwenden. Die geistige Welt fordert uns immer wieder, in unserem ureigensten Interesse dazu auf, da vieles, was der Menschheit droht, durch intensive Gebete gemildert, oder sogar abgewendet werden könnte.

"Gebetsstürme sollten zum Himmel steigen", sagte die Geisterwelt Gottes durch Mittler. Auch Mutter Maria fordert uns immer wieder zu Gebet und Fasten auf.

Gebet ist tätige, wahre Nächstenliebe

Das Beste, das Sie für einen Menschen tun können, ist für ihn zu beten. Diese Tat kann jeder vollbringen, ob alt oder jung. Dies ist wahre geistige Liebe und Sie können damit echte Wunder erreichen. Es gibt Menschen, deren Glaube so stark ist, daß sie mit ihrem Gebet Heilungen erzielen. Wer die Macht und Kraft des Gebets einmal erfahren durfte, dessen Leben wird reicher und erfüllter und er fühlt sich niemals mehr einsam.

Gemeinsames Beten verstärkt noch die Wirkung. "Wo zwei oder drei in meinem Namen beisammen sind, da bin ich mitten unter ihnen."

Sie sehen aus all diesen Ausführungen, daß Gedanken Bausteine unseres Schicksals und unserer Zukunft darstellen.

Die Beherrschung und der bewußte Einsatz ist eine wesentliche Voraussetzung auf dem Weg zur Vollkommenheit, die jedes Wesen erreichen soll.

"Werdet vollkommen, wie euer Vater im Himmel", sagte Jesus zu seinen Jüngern. Obwohl der Weg, der dorthin führt, noch lange, beschwerlich und dornenreich ist, sollten wir mit allen Mitteln danach streben.

Die höchste Stufe des positiven Denkens ist die Liebe. Wir sollten lernen, alles und alle zu lieben ,Menschen, Tiere und Pflanzen.

"Tief wie das Meer, wie der Himmel grenzenlos, umfaßt die Liebe alle Wesen. Gott ist der Urquelle der Liebe. Wie die Sonne über alle Wesen und Dinge ohne Unterschied ihr Licht ergießt und die ganze Natur erwärmt, so belebt die göttliche Liebe alle Seelen. Ihre Strahlen durchdringen die Nebelwolken unserer Selbstsucht und entzünden flammende Lichter in jedes Menschen Herz."

Alle Wesen sind für die Liebe geschaffen. Erst wenn der letzte der gefallenen Schöpfung, der Verursacher des Falls, zu Gott zurückgekehrt sein wird, und alle und alles in Liebe vereint ist, wird vollkommene Freude herrschen. Streben wir nach dieser Liebe mit all unseren Kräften!

Heil werden

"Werdet vollkommen, wie euer Vater im Himmel!"
Diesen Auftrag, den wir schon bei unserer Erschaffung erhielten, wiederholte Jesus seinen Jüngern gegenüber. Es ist eine Aufforderung, in die göttliche Ordnung und Harmonie einzukehren, heil zu werden. Wir sollen in Harmonie gelangen:
Mit uns selbst
mit unseren Nächsten
mit unserem Schöpfer.
Menschen, denen dies sichtbar nach außen gelungen ist, bezeichnen wir als Heilige.
Christus, der Heiland, kam zur Erde, um uns mit seiner Liebeslehre zu helfen, heil zu werden.
Wir wissen bereits, daß Harmonie, heil zu sein, sich auswirkt in: Gesundheit, Schönheit, Erfolg, während Disharmonie Mißerfolg, Krankheit, zur Folge hat. Wir alle streben in unserem Innern nach dieser Harmonie, denn wir wollen erfolgreich, schön und vor allem gesund sein. Besonders im fortgeschrittenerem Alter ist die Erfüllung des letzteren Wunsches, wenn man bereits von kleineren oder größeren Wehwechen geplagt wird, ein höchst erstrebenswertes Gut.
Dabei denken die meisten ausschließlich an ihren Körper und vergessen, daß Gesundheit – heil sein – in Harmonie sein, immer den ganzen Menschen, nämlich: Geist, Seele und Körper betrifft.
Von diesem Standpunkt aus betrachtet, gibt es kaum einen Menschen, der dieser Anforderung voll entspricht. Wir gehen aber mit Scheuklappen durch das Leben und es liegt an unserer menschlichen Unzulänglichkeit, daß wir erst dann aufmerksam werden, wenn etwas mit uns nicht stimmt, wenn wir von Schmerzen geplagt und von Krankheiten befallen werden. Erst dann läuten bei uns die Alarmglocken und wir tun alles, um uns wieder aus diesem unliebsamen Zustand zu befreien. Wir laufen dann von einem Arzt zum anderen, schlucken Gifte in rauhen Mengen und tun in Unkenntnis der wahren Zusammenhänge meist das Falsche, indem wir durch ein solches Verhalten nur die Symptome, nicht aber die Ursachen bekämpfen.

Früher oder später bricht die Krankheit an einer anderen Stelle des Körpers wieder aus.

Es ist zwar nicht zu leugnen, daß die Medizin große Fortschritte zu verzeichnen hat, ist es ihr z.b. gelungen, das durchschnittliche Lebensalter innerhalb weniger Jahrzehnte deutlich zu erhöhen, die Kindersterblichkeit zu verringern und viele todbringende Krankheiten zu besiegen. Doch kann man nicht behaupten, daß der einzelne Mensch oder die Menschheit als Ganzes gesünder, harmonischer oder heiler geworden wäre.

Woran liegt das, wo doch heute ein Heer von Spezialisten tätig ist, teure, hochtechnisierte Apparate, Computer im Einsatz sind, die Pharmaindustrie eine Unzahl von Präparaten und Substanzen zur Krankheitsbekämpfung herstellt?

Abgesehen von einigen ihrer Pioniere, die der Wahrheit sehr nahe sind, bewegt sich die Medizin in die falsche Richtung und ist vom Idealbild des Heilens heute weiter entfernt als z.B. zur Zeit der griechischen Antike, als man klar erkannte, daß der Mensch eine Einheit von Körper, Geist und Seele ist, und wenn Störungen auftreten, man immer den ganzen Menschen behandeln müsse. Gute Ärzte waren und sind immer gleichzeitig Lehrer und Priester. Einheit von Lehr-, Priester- und Heilamt.

Um wieder heil zu werden, bedarf es einer Gesinnungsänderung. In Wirklichkeit ist jede gesundheitliche Störung eine Hilfe von außen, die, wenn wir nicht anders hören wollen, zeigen soll, daß wir aus dem Gleichgewicht, aus der Harmonie geraten sind.

Das Problem liegt vor allem darin, daß die Wenigsten von uns über die geistigen Zusammenhänge aufgeklärt sind und aus Unkenntnis immer nur die Störungen auf der materiellen, sichtbaren Ebene, sprich Körper, suchen. Wer aber einen Menschen geistig so aufklärt, daß er ihn zu Gott führt, der verhilft ihm zu seiner Heilung.

Die Ursachen von Leid und Krankheit

Geistige Ursachen
Der Abfall oder die Trennung von Gott
Durch Neugierde und wiederholtem Ungehorsam sind wir gefallen und

haben das Licht in uns verdunkelt. Diese Tatsache allein ist ein unheiler, ein krankhafter Zustand. Wir können nicht mehr klar und vernünftig denken und handeln,weil uns die Sinne gebunden sind und wir eingesperrt sind in die materielle Hülle. Daher sollte uns die Vorstellung, den materiellen Körper beim irdischen Tod abzulegen, nicht mit Angst und Schrekken, sondern mit Freude erfüllen.

Die Trennung von unserem Dual, das uns ergänzende männliche oder weibliche Wesen. Wir verloren unseren Dualpartner beim Abfall, wobei, statt einem harmonischen Ganzen, zwei getrennte Hälften entstanden. Das Verhalten der verschiedenen Duale war sehr unterschiedlich. Manche machten den Abfall überhaupt nicht mit oder kehrten bereits frühzeitig um, andere fielen sogar auf eine tiefere Stufe als die Erde. Von der geistigen Welt wurde daher empfohlen, auch für unseren Dualpartner zu beten, da letztlich die Vollkommenheit unseres Glücks und unseres Heils, auch vom Wiederfinden unserer verlorenen Hälfte abhängt. Ganz selten begegnen sich Duale auf der Erde.

Die Hochzeit zu Kana war eine Hochzeit von Dualpartnern, die Eltern von Mutter Maria waren Duale).

Es ist eine Zusammenführung der Dualseelen auf einer höheren geistigen Ebene geplant. Tief in unserm Innern wissen wir um die Tatsache des verlorenen Paradieses und um den Verlust des Dualpartners und viele von uns empfinden eine unerklärbare, unstillbare Sehnsucht nach einem Wesen, dessen Idealbild sie in sich tragen und nach einem Ort, der ihnen wahre Heimat ist, ohne jemals Erfüllung zu finden.

Die Erde als Herrschaftsbereich Luzifers

Diese Tatsache bedingt seelische, aber auch körperliche Leiden. Der Herr der Tiefe setzt alles daran, um uns zu versuchen und vom Weg abzubringen, aber auch um uns das irdische Leben so schwer wie nur möglich zu machen. Nur ein Mensch der ständig Gedanken- und Gefühlskontrolle, sowie Vernunftprüfung übt, kann auf die Dauer bestehen. Aber auch die Vielzahl von Krankheitserregern, wie Bakterien und Viren auf dieser Erde, ist im ganzen Kosmos einzigartig.

Karmische Ursachen

Neben diesen allgemeinen geistigen Ursachen, die die ganze Menschheit betreffen, hat aber jeder einzelne aufgrund seiner Verfehlungen in der Vergangenheit, sein eigenes, individuelles Schicksal, was auch körperliche Gebrechen oder Leiden beinhalten kann. Es gibt keine Wirkung ohne Ursache!

Seelische Ursachen
Negative Gedanken und Gefühle
Es ist viel zu wenig bekannt, welch mächtigen Einfluß Gedanken und Gefühle auf unser Wohlbefinden haben. Es ist nur eine Frage der Zeit, bis eine seelische Disharmonie als sichtbare Krankheit ausbricht.

Materielle Ursachen
Jede einseitige Betrachtungsweise ist unrichtig!
Obwohl der geistig-seelischen Komponente unbedingt der Vorrang einzuräumen ist, wäre es aber falsch, die materielle Seite gänzlich zu vernachlässigen, da wir als Menschen auf dieser Erde leben und diesem Umstand Rechnung zu tragen haben, so gut wir es vermögen.
Ein Mensch kann seinen Körper auf die Dauer nur gesund erhalten, wenn er sich reine, gottgewollte Nahrung zuführt
    reines Wasser trinkt und
    reine Luft atmet.
Wie es derzeit damit aussieht, ist leider hinlänglich bekannt. Es ist praktisch alles auf unserer Erde vergiftet: Giftig sind die Nahrungsmittel, das Wasser, die Luft. Vergiftet sind die menschlichen Beziehungen zu einander, aber auch die menschlichen Gedanken und Gefühle. Die Ursachen liegen in einer egoistisch-materialistischen Weltanschauung, was z.B. deutlich im Wachstumsfetischismus, dem Prinzip der Gewinnmaximierung, dem gnadenlosen Leistungsprinzip in der Wirtschaft zum Ausdruck kommt. Anstatt der reinen, selbstlosen Liebe, herrschen Egoismus und Materialismus, anstatt Zufrieden- und Bescheidenheit, Bedürfnisvielfalt.
Dies führt zu einer falschen Einstellung zur Natur, zur Umwelt, zu den zwischenmenschlichen Beziehungen, zum eigenen Körper, zur eigenen "Seele." Nur wenigen ist bekannt, daß die Menschheit ein Handlanger, eine Marionette einer negativen Intelligenz des Herrn der Tiefe ist.

Wege zur Heilung (heil werden)

Gesunde, gottgewollte Ernährung
Zunächst müssen wir auf der für uns sichtbaren materiellen Ebene den Hebel ansetzen. "Hilf dir selbst, dann hilft dir Gott!" sagt ein Sprichwort. Der Mensch ist das, was er ißt! Nur reine, unverfälschte Nahrung führt dem Körper jene Bestandteile zu, die er braucht, um gesund zu bleiben. "Tote Nahrung tötet, auf die Dauer gesehen, den Körper und dieser wieder die Seele. Wenn ein Mensch lebendige Nahrung in Form von Pflanzen, Früchten, Honig, unverfälschter Milch zu sich nimmt, dann kann er die in Keimform im Gottesfunken vorhandenen Anlagen entwickeln und dadurch seine Vernunft ausbilden. Diese kontrolliert dann die Gedanken, Gefühle und Handlungen des Menschen und er entwickelt sich gottgewollt. Lebendige Nahrung verstärkt aber auch die menschliche Aura, die jeden von uns, wie ein Schutzschild umgibt. Negativen Wesen wird so das Eindringen erschwert." Was aber ist lebendige Nahrung? Jesus sagt dies ganz klar und deutlich im *Friedensevangelium der Essener*: "Gott hat zu euren Vorvätern gesagt: Ihr sollt nicht töten! Ich aber sage euch: Tötet weder Mensch noch Tier, noch die lebendige Nahrung, die euer Mund aufnimmt. Denn wenn ihr die lebendige Nahrung eßt, so werdet ihr von ihr Leben erhalten, sie wird euch beleben! Wenn ihr aber die lebendige Nahrung tötet, so wird sie auch euch töten, denn Leben kommt immer nur vom Leben, und vom Tod kommt immer nur Tod. Alles, was eure Nahrung tötet, tötet auch euren Körper, und alles, was euren Körper tötet, tötet auch eure Seele. Und eure Körper werden, was eure Nahrung ist, so wie euer Geist das wird, was eure Gedanken sind. Darum rate ich euch: Eßt immer vom Tische Gottes, eures Vaters, die Früchte der Bäume, die Samen, das Korn, die Gräser der Felder, die Milch der Tiere, die für euch genießbar ist, und den Honig der Bienen. Eßt aber nicht, dem nur das Feuer des Todes Geschmack gibt, denn das ist vom Satan! Seid vorsichtig und verunreinigt eure Körper nicht mit allerhand Abscheulichkeiten! Seid mit 2-3 Nahrungsarten zufrieden, die ihr immer auf dem Tisch eurer Erdenmutter vorfinden werdet. Begehrt nicht all die Dinge zu verzehren, die ihr durch eure Gelüste ersehnt, denn wahrlich, wahrlich, ich sage euch: Wenn ihr alle Arten von Nahrung miteinan-

der vermischt, wird der Friede eures Körpers aufhören!"
In diesem kurzen Auszug sind die Grundregeln der Ernährung enthalten.
Die Nahrung sollte daher vorwiegend (80%) aus Rohkost (Obst, Gemüse, Milchprodukte) bestehen. Genußgifte wie: Alkohol, Nikotin, Kaffee, schwarzer Tee, sollten selbstverständlich gemieden werden.

Ausreichender Schlaf vor Mitternacht
Der Schlaf dient zur Reinigung unserer Nervenbahnen und zur Stärkung unseres materiellen Körpers. Erwiesenermaßen bringen die Stunden vor Mitternacht einen größeren Erholungswert.
- Nicht zu spät, nicht zu viel und nicht zu schwer essen.
- Schlaf vor Mitternacht ist wichtig!
- Einige Zeit vor dem Zubettgehen sich mit harmonischen Tätigkeiten beschäftigen, z.B. gute Musik hören, geistige Bücher und Schriften lesen usw.
- Vermeiden von Disharmonie, Streit, aufregender Lektüre, Fernsehsenungen.
- Gewissenserforschung vor dem Einschlafen, Bitte um Vergebung, Gebet.
- Geistige Hilfen: Bitte um den göttlichen Schutzmantel. Aufstellen eines gedanklichen Lichtkreuzes in die Aura, Bitte an den Schutzgeist: "Bitte, nimm mich an deine Hand und führe mich in eine lichte, jenseitige Sphäre." Man kann auch um die Begegnung mit Hinübergegangenen oder um die Hilfe bei der Lösung von Problemen bitten. Der erste Gedanke nach dem Erwachen ist zu beachten!

Bewegung in gesunder Luft
Tägliche Bewegung in reiner, gesunder Luft ist ebenfalls sehr wichtig.

Farben und Musik
Harmonische Farben und harmonische Musik haben einen wohltuenden, heilenden Einfluß.
Homöopathie (nach S. Hahnemann 1775 - 1843)
Die Bekämpfung von Krankheiten durch den Einsatz der von der Pharmaindustrie erzeugten Medikamente = Allopathie, beseitigt immer nur die

Symptome, aber nicht die Ursache und führt langfristig gesehen, an einer anderen Stelle des Körpers wieder zu einer neuen Disharmonie.

Die Homöopathie dagegen, versucht mit natürlichen Substanzen, die Selbstheilungskräfte des Körpers anzuregen, was dann, wenn es gelingt, zu einer dauerhaften Heilung führt.

Bachblütentherapie

Nach dem Entdecker Bach benannt, versucht mit pflanzlichen Wirkstoffen, über die Seele, den Körper zu heilen. Grundsätzlich wäre dies eine gute Möglichkeit, jedoch besteht bei sensitiven Menschen die Gefahr, daß sie ihre Aura öffnen und dadurch negative Wesen eindringen können. Gerade sensitive Menschen sprechen auf diese Möglichkeit an und in der Zeit, in der wir leben, sollte alles vermieden werden, das zur Öffnung der Aura führen könnte.

Zur Vervollständigung sei noch auf die Anwendung von Edelsteinen hingewiesen, die aufgrund ihrer Schwingung ebenfalls eine Heilwirkung ausüben, wobei das auf den jeweiligen Menschen abgestimmt werden muß. *Auf der geistig-seelischen Ebene* können selbst schwerste Krankheiten, wie Krebs oder Aids, durch Gesinnungsänderung und unbedingtes Gottvertrauen geheilt werden, wenn nicht ein unbedingtes Karma vorliegt, das durchgetragen werden muß.

Wie geht man dabei vor? Man kann doch nicht von heute auf morgen ein Heiliger werden, denn zu sehr haben wir uns alle belastet und sind verstrickt in eine Vielzahl negativer Gewohnheiten.

Die folgenden Zeilen sind für alle bestimmt, die wirklich Heilung finden wollen, nicht nur für jene, bei denen sich eine Krankheit bereits auf der materiellen Ebene, sprich Körper, manifestiert. Dies ist ja nur ein gradueller Unterschied, denn jede Disharmonie zeigt sich zuerst im feinstofflichen Bereich. Letztlich befinden wir uns alle, als gefallene Wesen, in einem disharmonischen, krankhaften Zustand.

Die Arbeit an der eigenen Seele

Da keiner von uns weiß, wieviel Zeit ihm persönlich bzw. der ganzen Menschheit noch bleibt, ist es keine Sekunde zu früh, damit zu beginnen.

Unser **Ziel** heißt: *Überwindung aller Untugenden und Entwicklung der Tugenden.*

Dieses Ziel erreicht man durch:

Selbsterkennntis, Selbstbeobachtung, Selbstbeherrschung

Zwei gute Freunde vereinbarten, sich von drüben zu melden, wenn einer von ihnen abberufen würde und zu berichten, worauf es im irdischen Leben wirklich ankomme. Dies geschah auch und die Quintessenz der Botschaft des Hinübergegangenen an seinen zurückgebliebenen Freund lautete: "Sieh' den Dingen scharf in's Auge! Darin liegt das ganze Geheimnis unseres moralischen und geistigen Fortschrittes. Sich dem niederen Ich entziehen und es kaltblütig beobachten, seine Wirkungen und Rückwirkungen verfolgen, als ob es außenstehende und fremde Dinge wären!"

Er vergleicht dies auch mit einem Reiter, der ohne jede Gemütsregung die Launen seines Pferdes verfolgt, ohne sich nur einen Augenblick mit dem Tier zu identifizieren. Dies bedeutet, daß man sich selbst schonungslos betrachten und eine Diagnose über seinen Bewußtseinszustand erstellen soll, Feststellung aller Tugenden und Untugenden. Dann soll man sich eine Untugend nach der anderen hernehmen und ausmerzen. Natürlich ist das nicht einfach, denn so manche Untugend, die wir seit vielen Existenzen in uns tragen, sitzt sehr tief.

Gewissenserforschung

Zumindest einmal täglich sollten wir unseren Tagesablauf aus geistiger Sicht überprüfen:

Wie war der heutige Tag?

Bin ich Gott ein Stückchen näher gekommen oder habe ich einen Rückschritt gemacht?

Wie habe ich mich in den einzelnen Situationen und meinen Mitmenschen gegenüber verhalten?

Wie hätte Jesus an meiner Stelle reagiert oder Mutter Maria?

Wie kann ich einen begangenen Fehler in Zukunft vermeiden?

Dabei ist Beharrlichkeit unbedingt notwendig. Es ist nicht so schlimm, wenn man strauchelt, man darf nur niemals aufgeben, sondern mutig wieder von vorne beginnen.

"Sich selbst zu bekämpfen ist der schwerste Kampf, sich selbst zu besiegen ist der schönste Sieg!"

Untugendspiegel von Laurentius.

Laurentius ist ein von der katholischen Kirche verehrter Heiliger, der 258 n.Chr. den Märtyrertod starb. Er ist der Menschheit in selbstloser Liebe zugetan und bemüht sich sie in ihrer geistigen Entwicklung zu fördern. Aus diesem Grunde hat er sich schon einige Male über Mittler aus dem Jenseits gemeldet um uns Vorschläge zu machen, wie wir am besten unser geistiges Ziel erreichen können. Dokumentiert ist dies in den "Schritte der Tat zur Entwicklung" und "Die Nachfolge Christi", herausgegeben von Gisela Weidner.

Un-Tugendspiegel:

1. Unwahrhaftigkeit
2. Hochmut (herabsehen auf andere)
3. Eigensinn
4. Starrköpfigkeit
5. Aufbrausen
6. Beleidigt sein
7. Nachtragen
8. Jähzorn
9. Vorlaut
10. Spott
11. Neid
12. Untreue
13. Taktlosigkeit
14. Sinnlichkeit
15. Maßlosigkeit
16. Schamlosigkeit
17. Indiskretion
18. Rachsucht
19. Genußsucht
20. Krittelssucht
21. Zweifelsucht

22. Streitsucht
23. Eifersucht
24. Klatschsucht
25. Tratschsucht
26. Undankbarkeit
27. Geiz
28. Mißtrauen
29. Vorurteilsvoll
30. Bequemlichkeit
31. Scheinheiligkeit
32. Schadenfreude
33. Anmaßung
34. Selbstherrlichkeit
35. Falsche Bescheidenheit
36. Aberglaube
37. Lampenfieber
38. Schüchternheit
39. Unentschlossenheit
40. Wankelmut (bald Optimismus, bald Pessimismus)
41. Vertrauensseligkeit
42. Kleinmut
43. Verzagtheit
44. Hoffnungslosigkeit
45. Bedrückheit, Deprimiertheit
46. Beeinflußbarkeit
47. Menschenfurcht
48. Feigheit
49. Unzuverlässigkeit
50. Oberflächlichkeit
51. Unordnung
52. Arbeitsunlust
53. Eitelkeit
54. Überschwenglichkeit
55. Unzufriedenheit

56. Ungeduld
57. Launenhaftigkeit (leicht verärgert sein)
58. Falschheit
59. Eigensucht (Sich selbst alles, anderen nur das Notdürftigste zuerkennen)
60. Rechthaberei (Meinungen anderer werden durch Wortklauberei, wenn es nicht anders geht, sogar durch Lügen bekämpft)
61. Andere zu ihrem Schaden aushorchen
62. Sucht, immer gelobt zu werden.
63. Besserwisserei
64. Eingebildet sein auf eigenes Wissen und Können
65. Eigene Überzeugung materiellen Vorteilen zuliebe verleugnen
66. Mangel an Pflichtgefühl und Pflichttreue
67. Wortbruch
68. Keinen Widerspruch von anderen ertragen können
69. Nachlässigkeit
70. Unehrlichkeit

Ständige Gedanken- und Gefühlskontrolle
Das ist eine Grundvoraussetzung, da jede Tat zuerst im Gedanken entsteht. *Nur wer seine Gedanken beherrscht, beherrscht auch sein Leben!*
Wie sehr die Beherrschung der Gedanken und Gefühle sich auf den körperlichen Zustand auswirkt, kann man an Menschen, die auf dem geistigen Weg schon sehr fortgeschritten sind, erkennen, da sie
- wesentlich jünger aussehen als es ihrem Geburtsdatum entspricht
- eine relativ stabile Gesundheit haben.
Diese Erkenntnis darf aber nicht dazu führen, daß wir auf Leidende verächtlich heruntersehen und meinen, sie wären eben noch geistig unterentwickelt. Es kann der letzte Rest dessen sein, was sie noch abzutragen haben. Diese Einstellung wäre auch mit der christlichen Nächstenliebe nicht zu vereinbaren, die lautet: "Liebe deinen Nächsten, wie dich selbst!" Unser Herr und Erlöser sagte aber auch. "Geh' und sündige nicht mehr!"
Wenn ein Mensch aufnahmefähig ist, dann ist es eine Tat reiner Nächstenliebe, ihn geistig aufzuklären.

Vernunftprüfung

Bevor eine Tat ausgeführt wird, sollte man prüfen, ob das Vorhaben gott-gewollt ist:

Bringt mich das, was ich jetzt vorhabe, näher zu Gott oder schadet es mir oder einem anderen?

Zur Vereinfachung kann man sich auch die Frage stellen:

Wie würde Jesus jetzt an meiner Stelle handeln oder Mutter Maria?

Hinwendung zu Gott durch richtiges Gebet (siehe Kapitel 15)

Voraussetzung für eine Gebetserhörung ist das unbedingte Gottvertrauen und die Entwicklung der Geisteskraft des Glaubens.

Ich habe mich früher, bevor ich die geistigen Zusammenhänge kannte, oft gefragt, wieso nur die ohnehin gläubigen Menschen einen "Beweis" erhal-ten, wo es doch die anderen so nötig hätten.

Es kann nur der geheilt werden, der die Geisteskraft des Glaubens entwickelt hat!

Die Geisteskraft des Glaubens hat ihren Sitz in der Pinealdrüse, auch drit-tes Auge oder "Auge der Götter", in der Mitte der Stirn, zwischen den Augen, in der höhe der Nasenwurzel. Medizinische Forscher stellten fest, daß die Pinealdrüse die Wahrnehmung des Lichts regelt. Sie ist gleichzei-tig der *Sitz der hellseherischen Fähigkeiten und* ist auch für das *Hellhören und Hellfühlen* verantwortlich.

Wird die Pinealdrüse seelisch geistig erregt, dann stellt sie sich wie eine Antenne auf und scheidet Gehirnessenzen aus, die geistige Wesen anzie-hen. Es erfolgt eine Art Funkspruch ins All. In diesem Zustand können geistige Heilungen erfolgen.

Es ist möglich, die Geisteskraft des Glaubens in wenigen Stunden zu erler-nen!

Geistige Heilungen durch Gebetshilfe

Für Geschwister Heilung zu erbitten, ist wahre, geistige Nächstenliebe. In diesem Fall stellt der Betende seine Glaubenskraft zur Verfügung und das kann sich heilend auf andere auswirken.

Wichtig ist zu wissen, daß der Heiler stets nur Werkzeug der geistigen Welt ist.

Magnetopathen, die glauben aus sich selbst heilen zu können, verlieren im

Laufe ihrer Heiltätigkeit immer mehr an Kraft und können letztlich auch Werkzeug der negativen Seite werden, die ebenfalls, aus Gründen der Täuschung, Heilungen zustandebringen kann, denn die geistigen Gesetze sind für alle gleich.

Auf dem gleichen Prinzip beruhen auch die Heilungen in den verschiedenen *charismatischen Bewegungen bei den Heilgottesdiensten.* Voraussetzung, daß es zu Heilungen kommen kann, ist, daß viele vorhanden sind, die die Geisteskraft des Glaubens entwickelt haben und Heilsubstanzen aussenden, die sich auf andere Geschwister heilend auswirken kann, die ebenfalls den Glauben entwickelt haben.

Die Form der Heilbehandlung ist unterschiedlich: Sie kann in Anwesenheit des Kranken durch Handauflegen, durch magnetisierte Flüssigkeiten (Bruno Gröning), aber auch in Abwesenheit durch Fernheilung, erfolgen.

An *Gnadenorten,* wie z.B. Lourdes oder Medjugorje, wo es tatsächliche, von der Medizin streng geprüfte Fälle von Heilungen gibt, ist die Chance, Heilung zu finden, noch größer.

Bei genügend starkem Glauben aber, ist die Heilung überall möglich. Wenn auch die irdischen Ärzte viele Heilungen auf ihr Konto buchen, erfolgt die Gesundung immer nur dann, wenn es im Willen Gottes ist!

Der Weg zu unserer völligen Heilung – Rückkehr in die ursprüngliche Heimat, die Paradieswelten, ist lange und beschwerlich und wird Äonen in Anspruch nehmen. Wir müssen aber schon auf der irdischen Stufe damit beginnen.

Begeben wir uns auf den Weg des Heiles, wir werden es nicht bereuen!

Leben ohne Angst

Angst in ihren verschiedenen Formen ist die Geißel unserer Zeit. Sie begleitet den Menschen vom ersten Schrei bis zum Zeitpunkt seines irdischen Ablebens. Die Rekordumsätze der Pharmaindustrie mit Psychopharmaka zeigen, wie sehr dieses Übel. Verbreitet ist aber anstatt die Menschen aus dem Teufelskreis der Angst zu befreien, treiben sie die Betroffenen häufig in eine schwere Abhängigkeit und fügen außerdem, wenn sie auf längere Zeit eingenommen werden, sowohl dem materiellen, als auch dem feinstofflichen Körper nicht wieder gutzumachende Schäden zu.

Angst oder Furcht hat vielerlei Gesichter:
Ängste, die die eigene Person betreffen
Verlust von Leben und Gesundheit
Angst vor den eigenen Gedanken, Gefühlen, Reaktionen
Angst vor der eigenen Unzulänglichkeit
Ängste im Zusammenhang mit Mitmenschen
Verlust geliebter Menschen durch Tod oder Trennung
Verlust ihrer Anerkennung und Zuneigung
Angst vor ihren Reaktionen
Ängste um den Verlust materieller Güter
Angst vor höheren Mächten (vor dem Schöpfer) infolge eigener Verfehlungen
Kein auf der Erde lebender Mensch ist völlig frei von Ängsten, sodaß die Psychologen ein gewisses Maß an Angst als "normal" bezeichnen und sie ihnen nur dann als bedenklich erscheint, wenn sie länger andauert und sich in Psychosen, Neurosen oder Depressionen äußert, die den Menschen in seinem alltäglichen Leben behindern.

Da dem Großteil der Wissenschaftler, insbesonders in diesem Fall den Ärzten und Psychologen, die geistigen Zusammenhänge nicht bekannt sind, kann man sich von dieser Seite auch keine Hilfe erwarten. So kommt es bloß zu einer Milderung der Symptome, aber nicht zu einer Beseitigung der Ursachen.

Geistige Ursachen der Angst

(entnommen aus einer geistigen Durchgabe)

Angst ist nur auf einer so tiefen Stufe, wie sie die Erde darstellt, möglich. In höheren Welten gibt es keine Angst! Äonenlang herrschte zwischen dem Schöpfer und Seinen Geschöpfen vollkommene Harmonie, Liebe und Frieden. Alles strebte, wie vom Schöpfer vorgesehen, der Vollkommenheit entgegen. Alles bildete in Gott eine wunderbare Einheit. Die geschaffenen Wesen waren bis zu diesem Zeitpunkt rein, aber nicht vollkommen.

Durch die Auflehnung Luzifers, des Zweitgeschaffenen und seines Anhangs entstand eine Entartung des Willens, die eine eigene Kraft darstellte = *Derotation*. Sie führte zum Abfall der ungehorsamen Geister. In diesem Augenblick entstand die *Urangst*, da Luzifer fühlte, daß er nicht richtig gehandelt hatte. *Bei Gott gibt es keine Angst!*

Luzifer und die Dämonen sind daher die Schöpfer der Urangst! Mit diesem Terrorregime regiert Satan nicht nur die Erde und adäquate Welten, sondern auch die niederen Sphären.

Die Folgen der Angst

Satan und die Dämonen sind lähmende Kräfte. Wer sich daher der Furcht, Sorge, Klage, Angst, hingibt, der dient damit der lähmenden Kraft. Er kann nicht mehr vernünftig, gottgewollt, denken und handeln. Angst verengt und verdunkelt die materiellen Sinne (Gefühl der zugeschnürten Kehle - Folge ist häufig Angina, was Enge oder auch Angst bedeutet). Der Mensch besitzt nicht mehr die Geistesgegenwart, Angriffe negativer Wesen abzuwehren, da durch Angst sehr viel Lebenskraft verbraucht wird.

Hohe Lichtwesen sehen es als ihre vordringlichste Aufgabe, den Menschen die Angst zu nehmen. Die erste Aussage bei Erscheinungen ist immer *"Fürchtet euch nicht!"* Auch Jesus sagte dies immer wieder zu seinen Jüngern, da er natürlich um die Folgen der Angst Bescheid wußte.

Bei den Wesen der Dunkelheit verhält es sich genau umgekehrt, da sie, um im Negativen wirken zu können, menschliche Odkraft benötigen. Daher flößen sie zunächst ihren ahnungslosen Opfern Gedanken der Furcht ein, was zu einer Öffnung der Aura führt, um von ihnen dann nach Belieben Odkraft abzuziehen.

Jeder, der sich dazu hergibt, sei es bewußt oder unbewußt, schadet sich nicht nur selbst, sondern er ist auch für den Schaden verantwortlich, der mit der entzogenen Odkraft bei seinen Mitmenschen angerichtet wird. Alle Unzulänglichkeiten, Laster, Süchte usw. resultieren zum Großteil aus Angst! *(Entnommen aus einer geistigen Durchgabe)*

Beispiele:

Der gierige Mensch: Er fürchtet, zu wenig zu bekommen, sei es an materiellen Gütern, sei es an Macht.

Der Ehrgeizige: Er fürchtet, die Gelegenheiten zu verpassen, daß er nicht im Rampenlicht steht, daß er nicht genug geehrt wird, daß er nicht genug in den Mittelpunkt gestellt wird. Er fürchtet um seine persönliche Eitelkeit.

Der wütende, zornige, ärgerliche, streitende Mensch: Er fürchtet, daß seine Wünsche, Absichten und Vorstellungen von den anderen nicht beachtet werden oder, daß er sich damit bei ihnen nicht durchsetzen kann. deshalb wird er laut, brutal oder übertritt das Maß der Menschlichkeit.

Der hochmütige Mensch: Er fürchtet, daß er von vermeintlich Tieferstehenden beschmutzt wird, daß sein Ruf geschädigt wird, wenn er sich mit ihnen abgibt oder daß er gar von ihnen hinabgezogen wird. Hier wirkt das Spiegelgesetz: Er umgibt sich nur mit ihm Ähnlichen, lebt in einem Kreis von ebenfalls Hochmütigen, die ihm ähnlich sind und versucht hier wieder eine dominierende Rolle zu spielen.

Der hassende Mensch: Er fürchtet, daß er von einem gefährlichen, ihm überlegenen Gegner an die Wand gedrückt wird.

Der Arbeitsscheue: Er fürchtet sich vor ehrlicher, anstrengender Arbeit. Er fürchtet, nicht bestehen zu können, wenn er etwas leisten soll.

Der Süchtige: Er fürchtet sich vor sich selbst, da er aus irgend einem Grund seelisch krank ist. Unbewußt aber ahnt er, daß er aus einem Vorleben etwas gutzumachen hat. Er fürchtet sich aber vor der Sühne und Wiedergutmachung.

Die letzte Konsequenz der Angst ist Selbstmord.

Jede Angst oder Furcht erzeugt Müdigkeit, Abgespanntheit, innere Unruhe, Lebenskraftverminderung, Lebensqualitätsverminderung, Depressionen, Zustände wie: Ich will nicht mehr leben, bis zum Endergebnis: "Leg Hand an deinen Körper!" Dies ist ein rein negativer Gedanke, der geschwächten Menschen von den Wesen der Dunkelheit suggeriert wird. Ein Mensch, der diesem Gedanken Folge leistet, verstößt in grober Weise gegen die Ordnung Gottes und handelt sich damit ein schweres Los im Jenseits ein. Der Selbstmörder endet nicht dadurch, daß er seinen Körper verliert, denn das Bewußtsein ist unzerstörbar! Die Qualen, die ihn dann in der feinstofflichen Welt verfolgen, sind unbeschreiblich, denn er wiederholt seine Tat ständig, bis zu dem Zeitpunkt, wo sein irdisches Leben abgelaufen wäre oder bis er erlöst wird.

Wenn man einem Menschen begegnet, der Selbstmordgedanken äußert, dann ist es unbedingt notwendig, ihn geistig aufzuklären und ihn darauf hinzuweisen, was ihn in der anderen Welt erwartet, wenn er sein negatives Vorhaben in die Tat umsetzt. Wenn es notwendig ist, kann man ihn ruhig auch scharf ansprechen.

Möglichkeiten, die Angst zu überwinden:
Obwohl die Angst in unserer Gesellschaft vielerlei Gesichter hat und in unserer Zeit ständig zunimmt, gehört es sich nicht, sie offen zu zeigen. Stattdessen lächelt man einander zu, wie in den Werbespots und will einander Glauben machen, daß man völlig frei von Angst, Furcht oder Sorge sei. Es hat sich eine Art Beschwichtigungsindustrie entwickelt, die sich auf Dauer von keinem noch so schwerwiegenden Problem erschüttern läßt: Nicht vom Hunger und Elend in der Welt, vom Ozonloch, vom Klimaschock, Naturzerstörung.

Sorge um die Zukunft gilt als übertrieben und von Schwarzsehern oder Weltuntergangsaposteln erfunden. Wir sind Meister des Verdrängens geworden. Die Menschen tanzen wie auf einer riesigen Bühne, wo man einander ununterbrochen Fitneß, ewige Jugendfrische und künstlichen Optimismus vorlügt. Wer es nicht schafft, dieses "Okayspiel" mitzumachen, ist schnell "out" und "weg vom Fenster". Man sucht nach einer perfekten Angst-Entsorgung, notfalls mit Chemie. Doch keiner der chemischen Angstlöser kann die Angst tatsächlich auflösen, stattdessen wirken sie dämpfend und abstumpfend. So ergaben Untersuchungen, daß bereits in der alten Bundesrepublik jährlich über eine Milliarde Beruhigungsmittel konsumiert wurden.

Die erste Voraussetzung mit der Angst fertig zu werden, ist sie nicht zu verdrängen, sondern sich ihr zu stellen!

Man kann Gefahren nur bekämpfen, wenn man ihnen ins Auge sieht. "Sieh den Dingen scharf ins Auge!"

Der nächste Schritt ist geistige Aufklärung

Nur ein Mensch, der über das geistige "Woher - wozu und wohin" seines Lebens Bescheid weiß, ist imstande, seine Ängste zu überwinden und sie zu besiegen.

Auf der geistig seelischen Ebene können wir der Angst wirkungsvoll begegnen, indem wir alle Gedanken der Angst, Furcht, Sorge, Zweifel energisch abweisen, indem wir sagen: "Ich bin ein Kind Gottes, unverletzbar und unempfindlich!", "Ich fürchte nichts und niemanden!" oder "Ich bin ein Kind Gottes und stehe unter dem Schutz von JESUS CHRISTUS!"

Unbedingtes Gottvertrauen zu entwickeln und ein gottgewolltes Leben zu führen ist unbedingt erforderlich. Ein gutes Gewissen ist ein sanftes Ruhekissen.

Angst schadet nicht nur der Seele und damit dem feinstofflichen Körper, sondern wirkt sich in weiterer Folge auch auf den materiellen Körper in Form von Krankheiten aus. (Angina-Erkrankungen der Maturanten) Es gibt sogar in der Medizin erwiesene Fälle, wo starke Ängste sogar zum Tod führten.

Obwohl Angst in erster Linie geistig-seelische Ursachen hat, kann man auch auf der materiellen Ebene einiges tun, um sie zu bekämpfen.

Vermeidung von Fleischnahrung

Tiere entwickeln vor dem Schlachten große Ängste, die als negative Schwingung in ihrem Körper vorhanden ist und bei Fleischgenuß auf den Menschen übertragen wird.

Vermeidung von aufregender Lektüre, Fernsehsendungen, aufpeitschender Musik und dgl.

Die menschliche Aura, die wie ein strahlender Mantel aussieht, kann von hellsichtigen Menschen farblich wahrgenommen werden. Sie sollten Ihre Aura einmal nach einem blutrünstigen Western oder nach einem Rock-Konzert sehen. Sie ist dann negativ aufgeladen und riecht unangenehm, wird von sensitiven Personen wahrgenommen. Auch alle geistigen Wesen (z.B. auch der Schutzgeist) sehen und riechen die Energie, die Sie abstrahlen. Dies zieht dunkle Wesen an und vertreibt die Wesen des Lichtes.

Sensible Menschen sollten außerdem den Umgang mit ängstlichen, pessimistischen Menschen meiden, da deren negative Gedanken und Gefühle leicht auf sie übergehen können, dagegen sollten wir lernen, in jeder Lebenslage positiv zu denken. "Wenn du glaubst, es geht nicht mehr, kommt von irgendwo ein Lichtlein her!"

Die Furcht vor dem Verlust des irdischen Lebens, Angst vor dem Tod:
Obwohl jeder Mensch weiß, daß sein irdisches Leben einmal zu Ende geht, verhalten wir uns alle so, wie kleine Kinder, die beim Versteckenspielen die Augen schließen, weil sie glauben, dann nicht entdeckt zu werden. Nie zuvor in der abendländischen Geschichte, wurde das Sterben so mitleidlos ausgegrenzt, wie heute. Diese Ausbürgerung des Todes geschieht nicht aus egoistischer Bequemlichkeit, sondern aus tiefer, unbewältigter Angst, da man tief in seinem Inneren doch ahnt, daß man Rechenschaft über sein Leben abzulegen hat. Diese Angst bedingt, daß die Generationen immer mehr zerfallen.

Letztlich läßt die Furcht vor dem Tod nur noch die Lebensphase auf dem Gipfel von Stärke, Fitneß, Leistung und Konsum als wertvoll erscheinen. Die alte Generation wird praktisch begraben, wenn sie in Pension geht, da sie für die Leistungsgesellschaft nichts mehr bringt.

Wer geistig aufgeklärt ist, weiß, daß es den sogenannten Tod nicht gibt, da das Leben sofort nach dem Ablegen des irdischen Körpers ohne Unterbrechung weitergeht. Die vielen Berichte von Menschen, die klinisch tot waren und wieder durch die "Kunst der Ärzte" ins Leben zurückgerufen wurden, beweisen dies. Sie sagen ferner, daß alle, die bereits auf der anderen Seite waren, gar nicht erfreut waren, als sie wieder in ihrem materiellen Körper erwachten und gerne für immer im Jenseits geblieben wären, wo sie von einer, mit menschlichen Worten nicht zu beschreibender, Liebe und Glückseligkeit umfangen wurden .Es wurde ihnen aber gesagt, daß ihre Zeit noch nicht gekommen sei, da sie noch verschiedene Aufgaben auf der materiellen Ebene zu erfüllen hätten. Alle hatten seither die Angst vor dem Übergang verloren.

Angst vor Krankheit, Leid und Schicksalsschlägen:

Es gibt weder einen rächenden, strafenden Gott, noch ein blindwütiges Schicksal, sondern jeder ist seines eigenen Glückes Schmied oder anders ausgedrückt: Der Verursacher aller "Schicksalsschläge" sind wir selbst. Alles basiert auf dem Gesetz von Ursache und Wirkung, das für diese irdische Stufe gilt.

Für alles, was uns trifft, sei es im Positiven oder im Negativen, haben wir irgend wann einmal die Ursache gelegt, wobei der Zusammenhang für uns Menschen oft nicht erkennbar ist.

Nur in wenigen Fällen sind Krankheiten unabwendbar, da ein unbedingtes Karma vorliegt, das der Mensch, um sich geistig höher zu entwickeln, am eigenen Leib erfahren muß, was er einst seinem Mitmenschen in geistiger Unwissenheit antat.

In manchen Fällen sind Leid und Krankheit auch notwendige Prüfungen.

Angst, zu versagen:

Diese basiert auf mangelndem Gottvertrauen und negativen Gedanken und Gefühlen. Jede gedankliche Vorstellung hat die Tendenz, sich zu verwirklichen. Wenn wir auf der materiellen Ebene alles tun, was notwendig ist, an die positive Erfüllung glauben und das Problem in die Hände Gottes legen, dann geschieht immer das, was für den Menschen am besten ist, auch wenn es zunächst nicht danach aussieht. Wir als Menschen allein vermögen gar nichts, wenn wir uns aber mit unserem Schöpfer verbinden, dann können uns Taten gelingen, die man als "Wunder" bezeichnet.

Angst vor dem Verlust materieller Güter (Existenzängste)

Im Grunde gehört uns Menschen gar nichts, auch wenn wir meinen, es uns durch Arbeit selbst erworben zu haben .Wir erhielten alles nur geliehen.

Auch repräsentieren alle materiellen Güter nur Scheinwerte, da sie von einer Sekunde zur anderen zu Staub zerfallen können und wir nichts davon in die andere Welt mitnehmen können.

Materieller Reichtum ist auf dem Weg zu Gott eher ein Hindernis. Alle geistig Großen waren im materiellen Sinn arm. Jesus sagte von sich selbst, daß er nicht einmal einen Stein sein eigen nenne, wo er seinen Kopf zur Ruhe betten könne. Er sagte auch: "Eher geht ein Kamel durch ein Nadelöhr, als ein Reicher in das Himmelreich", da Geld, materielle Güter zu den größten Waffen Satans zählen. Nun kann man natürlich einwenden, daß viele ja nicht um ihr eigenes Wohl bangen, sondern sie ja auch Verantwortung für die Familie tragen, deren Bedürfnisse man ohne eine bestimmte finanzielle Basis nicht erfüllen kann. Auch hier bringt Gottvertrauen die notwendige Hilfe, wie viele Beispiele von wirklich gläubigen Menschen beweisen. Von einem solchen, der einen gut bezahlten Posten als Manager aufgab, obwohl er Familie hatte und sein Leben in die Nachfolge Christi stellte, stammt die nachstehende Schilderung:

"Ich wurde gefragt, wo alleinstehende Omas Weihnachten gemeinsam verbringen könnten. Auf diese Frage hin, habe ich ein leerstehendes Hotel gepachtet (zusammen mit Freunden) für rund 120 Gäste von Weihnachten bis zum Dreikönigstag, vierzehn schöne Tage veranstaltet, mit biologischer Vollwertküche, Musikanten und Vorträgen und viel Gemeinsamkeit. Kosten DM 40.000,00.

Es waren sehr feine Leute da, aber auch die Ärmsten der Armen. Gut zugänglich stand im Gläserschrank bei der Theke des Hotels ein Schuhkarton. In den konnte jeder Gast bei Tag und Nacht greifen und einlegen oder entnehmen, was ihm recht erschien. Das war die Kasse des Unternehmens. Als die Gäste abgereist waren, holte ich DM 41.000,00 aus dem Schuhkarton und bezahlte die Rechnungen. Ich muß dazu sagen: Auch für mich waren die Kosten erst nach dem Abschluß des Abenteuers überschaubar. Eine Vorkalkulation oder etwas Ähnliches hatte ich mir nämlich erspart. Und damit niemand glaubt, ich hätte dieses Risiko spielend finanzieren und abdecken können: Mein Kapitalstock und mein Vermögen war und ist praktisch gleich Null. Wenn man kaufmännisch denkt, ist dies die Tat eines Verrückten. Wer aber Gottes Liebe, die Naturgesetze und sich selbst gut genug kennt, der kann auch in solchen Zeiten Nacht für Nacht ruhig schlafen und sich am Ende noch freuen: über den wunderbaren Ausgang eines solchen Abenteuers.

Unkalkulierbar ist es nur für Unwissende.

Ich behaupte sogar: *Wer nicht für sich, sondern um der Liebe willen wirtschaftet, der kann nicht pleite gehen.* Er kann nur noch kontrollieren, woher der Segen kommt und auch das "Wann" hat er nicht im Griff. Aber das geht auch manchem ganz exakt kalkulierenden Kaufmann nicht besser."

Selbstverständlich ist die Nachahmung dieses Beispiels nicht jedem zu empfehlen. Es gehört schon vorher einiges dazu, was man lernen muß, bevor man sich in ein solches Abenteuer stürzt, aber es soll zeigen, daß Menschen, wenn sie anderen aus reiner Nächstenliebe helfen, auch von oben Hilfe zuteil wird, wenn sie auch das notwendige Gottvertrauen besitzen.

Trennungsängste
Zur geistigen Entwicklung gehört auch zu lernen, loszulassen, nicht nur materiellen Besitz, sondern auch Menschen, mit denen wir uns verbunden fühlen.

Trennung durch Tod von geliebten Menschen: Der Tod geliebter Menschen wird immer als sehr schmerzhaft empfunden und viele können nach einem solchen Ereignis überhaupt nicht mehr froh werden und fallen in schwerwiegende Depressionen.

Wenn man die geistigen Zusammenhänge kennt, dann weiß man, daß es nicht ein Abschied für immer ist, sondern daß unsere Lieben nur vorausgegangen sind und uns am Ende unseres irdischen Daseins auf der anderen Seite mit Freude empfangen. Die Liebe ist die stärkste Kraft des ganzen Universums und führt die Liebenden immer wieder zueinander.

Trennung durch Verlassen
Oft begehen wir den Fehler, geliebte Menschen (Partner, Kinder, liebe Freunde ...) als unser Eigentum zu betrachten und aus dieser Tatsache entsteht die Angst, daß sie uns verlassen könnten. Jeder Mensch aber ist ein Kind Gottes und erhielt als göttliches Geschenk seinen freien Willen, den wir unbedingt zu beachten haben. Liebe kann man nicht erzwingen und je mehr wir uns an jemanden klammern, desto größer ist die Gefahr, ihn zu verlieren.

Verbunden mit der Angst, verlassen zu werden, ist die Angst vor der Einsamkeit und die Angst, die Wertschätzung der übrigen Mitmenschen zu verlieren, was wieder auf ein mangelndes Selbstwertgefühl schließen läßt.

Menschenfurcht
Ängste vor negativen Reaktionen von Mitmenschen (Haß, Liebesentzug, Verfolgung etc. ...)
Zuneigung und Abneigung sind eine Folge der Schwingung, die jedes Wesen aufgrund seiner Entwicklung besitzt. Wir fühlen uns zu Menschen

hingezogen und erfahren ihre Zuneigung, wenn wir auf jemanden mit einer uns ähnlichen Schwingung treffen, andererseits erzeugt eine unterschiedliche Schwingung Abneigung. Selbst die stärkste Abneigung aber kann durch Liebe überwunden werden. Durch die Gedanken der Liebe können wir einen Menschen von einer Sekunde zur anderen positiv verwandeln. Die Ergebnisse grenzen an Wunder. Ich habe es selbst schon wiederholte Male ausprobiert. Gedanken der Liebe und des Wohlwollens, die wir uns nicht gut gesinnten Menschen zusenden, sind eine Waffe des Lichts! Beispiel: Kurz vor der Begegnung mit einem schwierigen Menschen stellt man ihn in Gedanken in ein weißes Lichtkreuz und bittet um Liebe, Frieden und Harmonie. Man kann auch den Schutzgeist des Betreffenden um Hilfe ersuchen.

Furcht vor höheren Mächten, vor dem "Weltuntergang"

Solche Ängste beruhen auf einem unrichtigen Gottesbild infolge falscher Erziehung, wenn der Schöpfer als rächender, strafender Gott geschildert wird. In Wahrheit ist Er der Inbegriff der reinsten, vollkommensten Liebe, der niemals straft, aber gewisse Ereignisse zuläßt, wenn sie zum geistigen Fortschritt des einzelnen oder der ganzen Menschheit notwendig sind. Jedes Ereignis ist eine Auswirkung des Gesetzes von Ursache und Wirkung. Leider hat die Menschheit in ihrer Gesamtheit sich bis zum heutigen Tag fast nicht höher entwickelt. Sie hat vielfach grob gegen die göttlichen Gesetze verstoß, ja sogar gefrevelt und dies trotz eindringlicher, wiederholter Warnungen der geistigen Welt. Selbst die flehentlichen Bitten von Mutter Maria an ihren unzähligen Erscheinungsorten wurden bis heute in den Wind geschlagen. Nun aber neigt sich die Frist, die der Menschheit zu ihrer Höherentwicklung gegeben wurde, ihrem Ende zu und es naht die Zeit der Ernte.

Ich möchte hier bewußt kein Schreckensszenario vor Ihnen zeichnen, da dies Ängste erzeugen könnte, was wir ja unbedingt vermeiden wollen, ich glaube aber kaum, daß es günstig ist, wenn die Menschen völlig ahnungslos und unvorbereitet von den apokalyptischen Ereignissen übermannt werden, denn in einem solchen Fall ist eine Panik unvermeidbar. Die kommenden Ereignisse werden sehr hart und schmerzhaft und von einem Ausmaß sein, das alles bisher Dagewesene übertrifft, aber es wird keinem ein Haar gekrümmt werden, der sich in vollem Vertrauen an Gott und Christus wendet. "Selbst wenn Weltentrümmer auseinanderfallen, meine Hand wird dich retten!", versprach unser Herr und Erlöser. Nützen wir also die Zeit, die uns noch bleibt, um das so notwendige unbedingte Gottvertrauen zu entwickeln!

Kundgabe eines hohen Lichtwesens aus der Christussphäre

Habt keine Furcht!
Gott zum Gruß! Helia Mer.
"Habt keine Furcht!" Dies steht in deutlicher Flammenschrift über der Patene, die ich aus dem Tabernakel nahm, und ich halte euch diese Flammen hin, damit sie eure Furcht verdrängen. Gebet mir eure Furcht!
Aber vorerst möchte ich mich noch mit der Entstehung der Furcht beschäftigen, ehe ich euch meine Gedanken kundgebe. Wir, die Engel und die seligen Geister, die nie gefallen oder wieder zurückgekehrt und zu ihrer Vollkommenheit gelangt sind, kennen keine Furcht. Im Reiche Gottes gibt es dies nicht.
Merket euch diesen Grundsatz! In meiner ganzen Daseinsperiode – in menschlichen Worten kann ich diese Zeitdauer nicht ausdrücken – hatte ich noch niemals Furcht. Ich kenne diese Furcht nicht. Ich kann sie nur fühlen, wenn sich ein Menschenkind oder ein schwaches Geistwesen fürchtet, aber aus persönlicher Erfahrung kenne ich sie nicht.
Wie entstand nun diese Furcht, die für euch eine Tatsache ist, wie ihr meint? Unserem Bruder Luzifer ist es gelungen, diese negative Tatsache zu schaffen, denn er trat aus dem Gesetz heraus, und nach den ersten Anzeichen der Abweichung von den Liebesgesetzen Gottes entstand die Furcht. Sein und seines Duals Wesen fügten sich nicht mehr in das Gesetz der Liebe ein. Dies ist der Ursprung der Furcht, der Sorge und der Angst, und wie ihr dies alles bezeichnen mögt.
Luzifer ist also der Urheber aller Angst und allen Schreckens. Seither leidet die von Gott abgefallene Engels- und Geisterwelt und in späterer Folge auch die Menschheit unter dieser Furcht, unter diesem Schrecken.

Aber die größte Angst hat, wenn ich es so bezeichnen darf, der Urheber aller Furcht selbst. Das ist die Gerechtigkeit Gottes! Gott ist gerecht bis in die tiefsten Sphären der Höllenbereiche. Bruder Luzifer kann von seiner Furcht nicht davonlaufen, er kann sich auch nicht davon befreien, selbst wenn er will.

Bei euch ist es anders. Ihr könnt euch davon befreien! Ein kleiner Beitrag zu dieser Befreiung sollen jetzt meine Gedanken sein. Werfet die Furcht, die Sorge, die Angst, die Bürde, all das, was ihr davon habt, in diese Flammen und werdet frei davon!

Befürchtet nicht, wenn ihr in eurer materiellen Arbeit steht, daß ihr nur im Physischen verstrickt seid. Wenn du deine Tätigkeit, die du als Arbeit, als Dienst und dergleichen bezeichnest, konzentriert und mit Liebe erfüllst, baust du auch geistige Kräfte in dir auf. Das Physische ist die Basis des symbolischen Dreiecks, Geist und Seele sind dessen Seiten.

Mit eifriger Anstrengung und gutem Willen bewältigst du all die Schwierigkeiten deiner Furcht:

Weise alle Furchtgedanken, die dich bedrängen, zurück, wenn dich die irdischen Verhältnisse zur Furcht niederdrücken wollen.

Verweile keinen Augenblick im Zurückdenken, in der Vorstellung an vergangenes Leid, auch dann nicht, wenn es dir intensiv suggeriert wird.

Laß dich nicht zu sehr in die Vergangenheit drängen, sondern strebe vorwärts! Im Vorwärtsstreben liegt die Freude. Freue dich über deine kleinen Erfolge!

Suche stets den Optimismus in dir wachzuhalten, denn dieser strahlt von Gott aus. Furcht- und Sorgegedanken entfernen dich hingegen von deinem himmlischen Vater, denn dadurch büßt du an Bewußtseins- und Vernunftkraft ein. Benütze all deine Kräfte zum Positivdenken, zum Positivsein und zum Positivleben, und lebe mit dem Positiven gottgewollt!

Dein himmlischer Vater weiß Bescheid um deine Schwächen. Sorge dich nicht deswegen, denn du bist in Seiner Hand und dadurch erlangst du jene Sicherheit, die dich prüfend im Bewußtsein erhält. Eine Last will dich niederdrücken, aber du befreist dich davon, indem du positiv denkst!

Der Vater in Seiner Alliebe weiß Bescheid um deine Entwicklungsstufe. Glaube es mir und folgere daraus, daß Er dir auch in Seiner allerbarmenden

Liebe Schutz gewährt. Darum bitte Ihn um Schutz vor immer wiederkehrender Furcht!

Deine Geistseele ist so etwas Feines und Zartes und dein Sonnengeflecht ist so etwas herrlich Erbauendes – aber Furcht, Sorge und Angst reißen dieses nieder. Erst in langwieriger Tätigkeit können dein Schutzgeist und die geistigen Freunde es wieder aufbauen. Du leidest unter deiner eigenen Furcht, unter deinen eigenen Zwangsvorstellungen, die dir eingeflüstert werden. Darum glaube mir: Gott ist die erbarmende Liebe!

Wir kennen die Furcht nicht, und auch du sollst sie in Zukunft ablegen. Dein Weg heißt "Freiheit" und nicht "Gewalt und Unterdrückung", denn die Furcht ist das größte Verderben der Menschheit. Lerne dies und sage es auch deinen Mitgeschwistern, damit sie auch davon frei werden!

Die aufbauende Liebe Gottes hilft dir, in den Maße über die Furchtklippen hinwegzukommen, indem du guten Willens bist.

Geist, Seele und Körper sind in deinem Leben eine Einheit. Der Gottesfunke als Geist leidet nicht, aber die Seele mit dem Körper leidet unter dem Zwange der Furcht, denn du hast dich in das Reich dessen begeben ,der da ist der Urheber aller Furcht.

Wir, die Geisterwelt Gottes, wollen euch davon befreien. So sind die ersten, die wir befreien können, all diejenigen, welche daran glauben und darauf vertrauen, daß Gott diese Furcht nicht haben will, noch dein Verderben!

Aus dieser geistigen Sicht gesehen, nutzet jeden Tag zu dieser Erkenntnis. Sollten Furchtgedanken kommen, dann weiset sie von euch. Die äußeren Umstände an sich haben keine Gewalt, wenn du sie ihnen nicht verleihst. Gott zum Gruß! Helia-Mer.

Sterben

Meine Magische Geschichte
Frau Erika Schramm aus Kaufbeuren erzählt: Der Tote stand am eigenen Grab

Wenn ich mich jetzt daran erinnere, stehen mir wieder die Haare zu Berge, wie damals, als man mir die Fotografie als Beweis zeigte. Mein letzter Onkel war sehr plötzlich durch einen Unfall ums Leben gekommen. Ein sehr lebenslustiger, heiterer Mann, der uns immer mit neuen Scherzen geneckt hatte.

Zu seiner Beerdigung am 1. April 1988 in einem Dorf bei Kaufbeuren waren die Leute aus der ganzen Umgebung gekommen. An seinem Grab stand seine Familie: Die Witwe, vier erwachsene Kinder, eine Schwester und ich. Merkwürdig war - und es löste viel Unruhe während der Trauerfeier aus – daß seine Frau, mit der er ein sehr inniges Verhältnis gehabt hatte, sich immer wieder umdrehte, nach rechts hinten blickte und mit der Hand abwehrende Bewegungen machte, als wollte sie jemanden wegschicken. Dabei bewegte sie die Lippen, als würde sie sprechen. Als sie ihr Sohn fragte: "Mutter, was hast du denn?" sagte sie nur: "Schau doch hin. Da steht der Vater. Ja siehst du ihn denn nicht?" Uns wurde klar: Sie glaubte ihren verstorbenen Mann in der Trauergemeinde zu sehen. Der Sohn nahm seine Mutter in den Arm, um sie zu trösten. "Der Vater ist tot. Er kommt nicht mehr", sagte er leise.

Doch die kleine Frau in ihrer schönen Tracht schüttelte den Kopf. "Ich weiß ja, daß er tot ist. Aber was tut er dann da hinten neben dem Kofler-Bauer?" Dieser Mann hatte zu seinen besten Freunden gehört und so manche Nacht mit ihm beim Kartenspiel durchgebracht.

Vielleicht hätte ich mit all den anderen die Geschichte vergessen. Wir wußten schließlich, wie sehr die arme Frau vom plötzlichen Tod ihres Mannes getroffen wurde.

Doch wir alle dachten bald ganz anders über diese Geschichte. Ein Nachbar hatte nämlich von den Trauergästen am Grab ein Foto gemacht – gewissermaßen ein Andenken für den Schützenverein des Dorfes. Als man uns das Foto zeigte, hätte mich beinahe der Schlag getroffen. Auf dem Bild waren nicht nur die Witwe mit ihren Kindern, etwas dahinter ich selbst und einige Freunde des Verstorbenen – sondern der Verstorbene selbst. Er stand neben dem Kofler-Bauer. Auf seinem Gesicht lag ein schelmisches Lächeln. Er sah genau aus wie immer, wenn es ihm gelungen war, uns einen Streich zu spielen!

Diese Geschichte verbreitete sich wie ein Lauffeuer durch die ganze Gegend. Es dürfte einige tausend Menschen geben, die dieses Foto gesehen haben. Für mich, und ich glaube, für viele andere auch – wurde das Foto zum Beweis, daß mit dem Tod eben doch nicht alles zu Ende ist.

Das persönliche Überleben des irdischen Todes

Wir neigen dazu, alles, was mit dem "Tod" zusammenhängt, zu verdrängen und mit einem Tabu zu belegen. Aus diesem Grunde werden Sterbende von den Angehörigen eilig in ein Spital gebracht, wo man sie in eine Abstellkammer legt, um nur ja den anderen Patienten das Sterbeerlebnis zu ersparen. Obwohl jeder von uns weiß, daß wir alle eines Tages den irdischen Körper ablegen müssen, verhalten wir uns so, als wären wir persönlich davon ausgenommen und schieben alles, was mit dem "Tod" zusammenhängt, weit von uns.

Unsere jenseitigen Freunde, hochentwickelte Wesen oder bereits zur Erkenntnis gelangte Vorausgegangene, weisen uns immer wieder darauf hin, daß dies eine total verkehrte Einstellung sei. Sie sagen, daß das Ablegen des irdischen Körpers weit weniger unangenehm wäre als der Geburtsvorgang. Es kann sogar ein sehr schönes Erlebnis sein, wenn der Mensch gut vorbereitet, mit der richtigen Einstellung, hinübergeht.

Den sogenannten Tod gibt es nicht! Das Leben geht nach dem Ableben des irdischen Körpers sofort und ohne Unterbrechung weiter!

Der Sterbevorgang

Maßgebend für den Eintritt des irdischen Todes ist nicht das Aussetzen der Herz- oder Gehirntätigkeit, sondern das Zerreißen des Lebens- oder Odbandes, durch das der materielle und feinstoffliche Körper miteinander während des irdischen Lebens verbunden sind.

Beim Ablegen der materiellen Hülle wird uns von 2 jenseitigen Wesen geholfen. Aus der irdischen Hülle wird unser feinstofflicher Körper frei und wir leben sofort und ohne Unterbrechung weiter.

Meist erscheinen auch liebe Vorausgegangene, um den Heimkehrer in der jenseitigen Welt zu begrüßen. Oft wird der Durchgang durch einen Tunnel geschildert, an dessen Ende man von einem liebevollen Wesen erwartet wird.

Wie ein Film rollt dann vor unseren geistigen Augen unser gesamtes irdisches Leben ab und wir müssen dazu Stellung nehmen und unsere Taten beurteilen.

Mit Hilfe von Wesen, vor allem unserem lieben Schutzgeist, gelangen wir dann in jene Sphäre, die unserer geistigen Entwicklung entspricht (Ähnlichkeitsgesetz!).

Die feinstoffliche Welt besteht aus einer ungeheuren Vielzahl von Sphären und Entwicklungsstufen, die ungefähr den konfessionellen Vorstellungen von Himmel, Fegefeuer und Hölle entsprechen, wobei der Zustand in den höllischen Sphären nicht ewig dauert, sondern den tief gefallenen Wesen, die sich schwer gegen die göttliche Ordnung und Seine Liebesgesetze verfehlt haben, zur Läuterung dienen soll, bis sie selbst zur Einsicht gelangen. Die Vorstellung einer ewigen Hölle beruht auf einem Übersetzungsfehler des biblischen Textes!

Es gibt 7 athmosphärische Ringe, zu je 7 Sphären, die wieder in verschiedene Zwischenstufen untergeteilt sind, wobei der 1. Ring der Erde am nächsten liegt.

Die Sphären dienen zum Aufenthalt zwischen zwei Inkarnationen, zum Lernen und im 7. Ring, als Vorstufe zum Übergang auf die nächst höheren Stufen.

Jedes Wesen gelangt nach seinem Übergang in jene Sphäre, die seiner geistigen Entwicklung adäquat ist und lebt dort mit ähnlich Entwickelten zusammen: Mörder mit Mördern, Diebe mit Dieben, aber auch Sanftmütige mit Sanftmütigen und Liebevolle mit Liebevollen, was dann den Aufenthalt entweder zu einem Himmel oder zu einer Hölle macht, obzwar auch die dortige Natur, die völlig real ist, entweder einem Paradies oder einer Wüste gleicht.

Die feinstoffliche Welt ist für die Wesen, die dort leben, eine Realität. Die

Vorstellungen, daß man auf einer Wolke sitzt und Hallelujah singt, ist der menschlichen Unwissenheit zuzuschreiben.

Alles, was es auf der Erde gibt, existiert auch im Jenseits, allerdings in feinstofflicher Form. Im lichten Jenseits gibt es Landschaften von unvorstellbarer Schönheit und Harmonie mit Bergen, Seen, Flüssen, einer Pflanzen- und Tierwelt, aber auch Dörfern und Städten.

Die Wesen, die dort leben, sind nicht untätig, haben alle ihre Aufgaben zu erfüllen und sind vor allem bestrebt, sich geistig weiter zu entwickeln. So ist z.B. der 4. athmosphärische Ring eine einzige, wunderbare Lernsphäre, die zur Aneignung von geistigem Wissen der verschiedensten Art dient. Von einer "ewigen Ruhe" ist also überhaupt keine Rede!

Bedingt durch Unglauben oder falschen religiösen Vorstellungen, wie z.B. dem Irrtum vom "jüngsten Tag", auf den angeblich alle Seelen nach ihrem Übergang zu warten hätten, nehmen viele ihren Tod nicht wahr, und glauben, noch immer lebende Menschen zu sein. Sie befinden sich oft in einem Zustand äußester Verwirrung und Verzweiflung und können sich ihre traurige Lage nicht erklären.

Der Tod ist nicht der große Zauberer, der uns plötzlich zur Erkenntnis und Wahrheit verhilft und uns weise macht! Wir nehmen nur das mit in die andere Welt, was wir schon als Menschen in unserem Bewußtsein trugen!

Solche unwissenden Wesen werden dann im Volksmund als "arme Seelen" bezeichnet. Sie können sich nicht in die göttliche Ordnung einfügen, obwohl sie gleich nach ihrem Übergang von den helfenden Wesen aufgefordert werden, mitzukommen. Sie leben weiter in ihren bisherigen Wohnungen, gehen ihren beruflichen Verpflichtungen nach, sind aber zutiefst verzweifelt und verunsichert, wenn sie erkennen, daß ihre Angehorigen und Freunde überhaupt nicht auf sie reagieren. Oft versuchen sie auch, sich durch Klopfgeräusche und andere Phänomene, auf sich aufmerksam zu machen.

Die Befragung von Verstorbenen durch Abhören von Tonbandstimmen, Tischerl rücken oder Pendeln bringt uns daher nicht weiter, da diese Seelen selbst der Aufklärung bedürfen. Die Beschäftigung mit diesen okkulten Praktiken kann sogar schwere Schäden hervorrufen, die oft mit Irrsinn oder Selbstmord enden können.

Es ist notwendig, sich schon zu Lebzeiten mit diesen essentiellen Fragen zu beschäftigen, um sich dann in der anderen Welt viel Kummer, Leid und Verzweiflung zu ersparen.

Die folgende Durchgabe vom Juni 1991 soll die Verfassung von nicht aufgeklärten, plötzlich Hinübergegangenen schildern:

Der Flugzeugabsturz der "Lauda Air" geistig betrachtet.

"Ich soll euch heute eine Schilderung bringen, damit ihr, wenn in Zukunft wieder etwas auf dieser Erde geschieht, wißt, wie ihr euch dabei zu verhalten habt.

Ich möchte euch nun vom Absturz dieses Flugzeuges eine Schilderung bringen. Es war eine Explosion in diesem Flugzeug. Ihr könnt euch denken, daß das nicht vom Vater kam, sondern hier hatte der Dunkle wieder eine Möglichkeit, so etwas zu verursachen. Verursacher war ein Mensch, oder mehrere, die vom Dunklen besessen waren.

Das Flugzeug explodierte in der Luft, und jene Geistwesen, die sich immer dem Licht zuwandten, wurden sofort aus ihrem Körper gezogen, oder vielmehr vorher schon. Sie erlebten den Schock gar nicht. Ihre lieben Schutzgeister halfen ihnen natürlich dabei und erfaßten sie sofort. Es waren leider nicht viele.

Die anderen mußten ein trauriges Erlebnis durchmachen, als sie am Boden ihren zerrissenen Körper liegen sahen. Sie kannten sich nicht aus, sie standen da und wußten nichts von all den Geschehnissen.

Sie sahen die Trümmer des Flugzeuges hier liegen und gingen nicht mit ihren lieben Schutzgeistern mit, die sie zogen und in ihre Schwingung bringen wollten, um sie aufzuhellen. Sie sträubten sich immerfort: "Nein! Wir wollen heim! Wir wollen heim!"

"Kommt!" sagten die Schutzgeister, "Komm mit, ich führe dich in das Licht, heim zum Vater!" Da antworteten einige Geschwister, denn in ihrem Bewußtsein waren sie ja noch Menschen: "Mein Vater, der lebt ja gar nicht mehr!"

..."Ich muß euch sagen: Bis heute befanden sich an der Absturzstelle noch Arme Seelen, sehr arme, die immer noch nicht wußten, daß sie ihren Körper verließen. Sie kannten sich nicht aus."

Die meisten Menschen informieren sich vor dem Antritt einer Reise in ein fernes Land genau nach den Zuständen und Lebensgewohnheiten, die dort herrschen. Sie lehnen es aber ab, sich vor der größten Reise, die jedem von uns bevorsteht, Klarheit zu verschaffen.

Was können wir tun, um den Übergang in die jenseitige Welt harmonisch zu gestalten und uns eine schöne, jenseitige Sphäre zu sichern? Obwohl die verschiedenen Konfessionen behaupten, sie allein hätten den Schlüssel zum Himmelreich gepachtet, ist die Zugehörigkeit zu irgend einer Glaubensrichtung völlig unwesentlich. Nur der Zustand unseres Seelenkleides entscheidet über unsere Zukunft im Jenseits!

Geistige Hilfe für Hinübergegangene

Laut Aussage eines hohen Lichtwesens verhalten wir Menschen uns bezüglich der wesentlichen Ereignisse unseres Lebens, Geburt und Tod, völlig verkehrt: Wir feiern die Ankunft eines neuen Erdenbürgers und trauern bei seinem Übergang in die jenseitige Welt.

In Wahrheit ist jede neue Inkarnation mit großen Risiken aus geistiger Sicht verbunden. Im Jenseits zittert und bangt man um jedes Wesen, das erneut ein Erdenkleid auf sich nimmt, ob es ihm wohl diesmal gelingen werde, seine Lebensaufgabe zu erfüllen und allen Versuchungen standzuhalten. Dagegen wird jeder Heimkehrer, dem es gelang, seine im Jenseits gefaßten Vorsätze im irdischen Leben in die Tat umzusetzen, mit Jubel und Freude drüben empfangen.

Verzweiflung und Trauer über den Tod eines nahen Angehörigen schaden diesem nur, weil solche Gedanken wie unsichtbare, starke Ketten wirken, die ihn an die Erde binden. Ein solches Verhalten ist aus geistiger Sicht keine Liebe, sondern Egoismus. Nach einer kurzen Zeit der Besinnung sollten wir dem Hinübergegangenen nur mehr Gedanken der reinen Liebe senden.

Da viele Verstorbene unaufgeklärt hinübergehen und oft, auf den Gräbern sitzend, den "jüngsten Tag" erwarten, ist es für sie eine echte Hilfe, sie in Gedanken über ihren Zustand aufzuklären. Z.B. "Du hast dein irdisches Kleid bereits abgelegt. Wende dich vertrauensvoll an Gott oder Christus und bitte deinen lieben Schutzgeist, daß er dir beisteht!"

Eine weitere, unsagbar wertvolle Hilfe, ist das Gebet. Wenn man weiß, daß unsere Lieben nur vorausgegangen sind und uns am Ende unseres irdischen Daseins auf der anderen Seite in Liebe erwarten, dann sind Gedanken der Trauer nicht berechtigt.

Wer hier als Mensch in Liebe verbunden war, der wird auch im Jenseits, sobald es die geistige Entwicklung zuläßt, wieder zueinander finden. Voraussetzung ist die Arbeit an sich selbst, um drüben eine Sphäre zu erreichen, die eine völlige Freiheit zuläßt. Bei einer bestimmten Entwicklungsstufe gibt es keinerlei hindernde Schranken, die einen daran hindern, mit seinen Lieben in Verbindung zu treten.

Niemand weiß, wann für ihn der Zeitpunkt kommt, wo er seine irdische Hülle ablegen muß. Es kann schon im nächsten Augenblick geschehen. Je besser man sich darauf vorbereitet, umso schneller und leichter wird der Übergang sein. All diejenigen, die sich während ihres irdischen Lebens bemühten, den Zustand ihres Seelenkleides durch die Arbeit an sich selbst zu verfeinern, berichten übereinstimmend von einem unsagbaren Zustand der Beglückung und Seligkeit, den sie um keinen Preis mehr mit dem Leben auf dieser Erde tauschen wollten.

Wenn man weiß, daß unser Aufenthalt auf dieser Erde nur ein kurzes Gastspiel ist und dazu dient, uns geistig höher zu entwickeln, dann sollte man alles daran setzen, um die Zeit nicht ungenützt verstreichen zu lassen.

Wir würden es sehr bedauern, wenn wir nach unserem Übergang, beim Vorführen unseres Lebenspanoramas erkennen müßten, daß wir das, was wir uns vor unserer Inkarnation vorgenommen hatten, nicht erfüllt haben. Daher ist es keine Sekunde zu früh, mit der Arbeit an sich selbst zu beginnen.

Nützen wir die Zeit, die uns noch gegeben ist!

Die Zukunft der Erde

Wir leben in einer Zeit des großen Umbruches. Überall, in allen Bereichen des Lebens, haben in den letzten 50 Jahren Veränderungen stattgefunden, in einem Ausmaß, wie es die Menschheit noch nie erlebt hat. In der Wissenschaft, Technik, Wirtschaft, im Verkehrswesen, überall verläuft die Entwicklung in einem atemberaubenden Tempo. Lange Zeit bezeichnete man diese Phänomene als Fortschritt und meinte, daß dieser eben seinen Preis habe. Unbekümmert schöpfte man aus dem Vollen und verhielt sich so, als ob unsere Lebensgrundlagen: Luft, Wasser, Boden, unerschöpfliche Güter wären. Als in den 60er Jahren im Club of Rome, erstmals besorgte Wissenschaftler ihre warnende Stimme erhoben, tat man dies mit einer Geste der Lächerlichkeit ab und ignorierte sie nicht einmal, weil man zu diesem Zeitpunkt um keinen Preis bereit war, den gerade erst beginnenden Wohlstand in Frage zu stellen.

Später, als die "Zeichen an der Wand" in bezug auf Umweltzerstörung, immer deutlicher wurden, begannen einige Gruppen zwar nachzudenken, hatten aber nicht genug Einfluß auf die Mächtigen, um dieser negativen Entwicklung Einhalt zu gebieten.

Nun aber hat die Menschheit längst die Kontrolle über das Geschehen verloren. Es hat sich eine Eigendynamik entwickelt, die unaufhaltsam dem Zusammenbruch zusteuert. Man weiß z.B. schon längst, daß eine Ausweitung des Autoverkehrs in höchstem Grade verantwortungslos ist, trotzdem erreicht die Zahl der Neuzulassungen von Autos Rekordzahlen. Obwohl der tropische Regenwald als wesentlicher Klimaausgleichsfaktor gilt, holzt man ihn weiter ab, um die Produktion von WC-Deckeln oder Lenkrädern aus Mahagoni, nur ja nicht einschränken zu müssen. Das schlimmste Beispiel aber sind die unterirdischen Atomversuche der großen Staaten, in deren Gefolge einige Tage später Erdbeben von unterschiedlicher Stärke auftreten.

Jürgen Dahl: "Wir erleben heute weltweit einen biologischen Holocaust, eine totale Vernichtung, wie es sie in der Geschichte des Lebens noch nie gegeben hat. Noch nie gab es einen so systematischen Abbau aller lebenserhaltenden Systeme wie heute.

Die moderne Industriegesellschaft hat sich zu einem selbstmörderischen Prozeß entwickelt, der nicht nur selbst in den Abgrund läuft, sondern die ganze Schöpfung bedroht. Mit der Vernichtung der Erde, etwa durch den Einsatz von Atombomben, wäre unser ganzes Sonnensystem und damit die Ordnung des ganzen Kosmos gefährdet, denn die Schöpfung ist ja eine wunderbare Einheit.

Aber nicht nur Wirtschaft, Wissenschaft und Technik zeugen von der verkehrten Einstellung des Menschen, sondern auch die Schöpfungen der Kunst sind ein Abbild des herrschenden Größenwahns, der die Natur vergewaltigt und allem seinen ichbezogenen Stempel aufdrücken möchte."

Kunst ist immer der Ausdruck dessen, was der einzelne und ein ganzes Volk in sich trägt! Ganz zu schweigen von der herrschenden Ethik und Moral, die man sich nach Belieben zurechtbiegt!

Jeder, der nur ein wenig das Geschehen in der Welt beobachtet, weiß, daß dies alles Zeichen der Dekadenz und des drohenden Unterganges einer Zivilisation sind, die diesmal aber nicht nur einen Teil der Welt betrifft, wie wir es ja aus der Geschichte aller sterbenden Kulturen kennen, wie z.B. Rom, Ägypten, oder noch weiter zurück, Atlantis und Lemuria, sondern die Erde als Ganzes.

Die Welt steuert mit Riesenschritten einem Kulminationspunkt zu. Obwohl den Verantwortlichen in Politik und Wirtschaft, diese Tatsachen bekannt sind, wird alles getan, um die wahren Zustände zu verschweigen. Sensible Menschen ahnen und fühlen seit langem, daß wir einer Katastrophe zusteuern und seit urdenklichen Zeiten haben viele Seher und Propheten für das Ende dieses Jahrhunderts eine Reinigung und Umwandlung der Erde vorausgesagt, wie z.B. der Prophet Daniel, Johannes von Patmos in seiner Apokalypse, der neuerdings wieder hoch im Kurs stehende Nostradamus, aber vor allem Mutter Maria bei ihren unzähligen Offenbarungen an die Menschheit in Fatima, Garabandal, Medjogorje und an vielen anderen Erscheinungsorten.

"Das dritte Geheimnis" von Fatima
Eine Botschaft Mariens an die ganze Menschheit
Bei der dritten Erscheinung Mariens in Fatima am 13. Juli 1917 erhielt die

Seherin Lucia drei Botschaften = "Geheimnisse" übermittelt, die sie zu gegebener Zeit der Menschheit zugängig machen sollte.

1942 schrieb sie auf Veranlassung ihrer kirchlichen Oberen mit Zustimmung Mariens die drei "Geheimnisse" auf und übergab die ersten beiden dem Erzbischof von Leiria zur Veröffentlichung, das dritte in einem versiegelten Umschlag zur Weiterleitung an den Papst, der diese Botschaft erst 1960 verkünden sollte. Weder der damals regierende Papst Johannes XXIII. noch seine Nachfolger kamen dieser Aufforderung Mariens bisher nach.

Mitte Dezember 1988 wandte sich Mutter Maria auf dem Weg einer medialen Kundgabe erneut mit einer eindringlichen Warnung an die ganze Menschheit und wiederholte sinngemäß diese von der offiziellen Kirche zurückgehaltene Botschaft von 1917, die höchst wichtige Hinweise und Aufschlüsse über die Weltlage und die Zeichen der Zeit enthielt:

Kind, ich habe dich auserkoren zu dieser Mitteilung, die ich dir geben werde. Gehe hin und veröffentliche sie der ganzen Welt, der ganzen Menschheit.

Habe keine Sorge und keine Angst, ich werde dir beistehen. Man wird dich zwar anfeinden, aber je stärker du im Glauben bist, umso weniger wird diese Anfeindung dir zu schaffen machen.

Siehe: Was ich dir jetzt sagen werde, ist für die ganze Menschheit bestimmt. Darum fürchte dich nicht, denn die Menschen sollen erfahren, wie es um sie steht und in Zukunft stehen wird! Höre gut zu und merke dir, was ich dir jetzt sage.

Über die ganze Menschheit wird eine große Züchtigung kommen, nicht heute und nicht morgen, jedoch vor dem Ende des zwanzigsten Jahrhunderts. Die Menschheit hat sich nicht so entwickelt, wie Gott, unser himmlischer Vater, es von ihr erwartete. Sie hat die Geschenke Gottes, ihres Vaters, mit Füßen getreten, ja sie hat diese Geschenke gefrevelt.

Nirgends auf Erden ist mehr Ordnung; überall selbst von den höchsten Spitzen der Regierungen und Kirchen, wird Satan Besitz nehmen. Er wird nicht haltmachen, die Spitzen der Regierungen und der Kirchen in seinen Bann zu schlagen.

Er wird nicht haltmachen, die Gehirne der Wissenschafter so zu verwirren, daß sie mächtige Waffen erfinden, die in wenigen Minuten Millionen und Abermillionen von Menschen, ja die Hälfte der Menschheit, töten können. er wird nicht haltmachen vor den Mächtigen dieser Erde und sie aufstacheln, daß sie diese Waffen in Massen erzeugen, damit er seine Macht gebrauchen kann, um die Menschheit zu vernichten.

Wehe aber, wenn die Mächtigen dieser Erde und die Spitzen der Kirchen diesem Treiben nicht Einhalt gebieten!

Dann werde ich den mächtigen Arm meines Sohnes, Jesus, des Christus, fallen lassen.

Wehe, wenn die Mächtigen der Erde und die Spitzen der Kirchen es nicht ernst meinen mit ihren Bestrebungen, die Ordnung wieder herzustellen!

Dann werde ich Gott, meinen Vater, bitten, er möge das große Gericht über die Menschheit kommen lassen, das ärger sein wird, als die Sintflut damals war.

Überall auf Erden regiert Satan. Es wird unter den Kirchenfürsten zu gegenseitigen Kämpfen kommen, denn Satan tritt in ihre Reihen. In Rom wird es zu gewaltigen Veränderungen kommen, denn was faul ist, fällt und was fällt, soll nicht gehalten werden, denn die Lehren der Kirchen sind verdunkelt.

Über die ganze Menschheit und über die ganze Erde wird furchtbare Bedrängnis kommen. Feuer und Rauch werden vom Himmel fallen und alles wird verdunkelt sein. Die Wasser der Ozeane werden verdampfen, und es wird eine so hohe Temperatur herrschen, daß die Gischt zum Himmel strahlt.

Alles, was noch aufrecht steht, soll niedergerissen werden und von einer Stunde zur anderen werden Millionen und Abermillionen Menschen sterben. Alle, die noch am Leben sind, werden jene beneiden, die bereits tot sind. Elend wird sein, wohin man schaut und die ganze Erde wird erbeben.

Die Zeit schreitet vorwärts, und die Kluft zwischen dem geistigen Reiche und dem Diesseits wird immer größer. Denn die Menschen haben in ihrem Irrtum dem geistigen Tod zu seinem Triumph verholfen, und die Knechte Satans haben ihn emporgehoben. Er wird dann der einzige Herrscher auf Erden sein.

Aber all die, die im irdischen Leibe überleben, werden dann nach Gott rufen, und es wird so sein, daß Gott sie segnet und einen anderen Zustand herbeiführt. Dieser Zustand wird so sein wie jener, auf Erden, als die Menschheit und die Welt noch nicht verdorben waren.

Ich rufe alle Nachfolger meines Sohnes Jesus des Christus auf, sowie alle Christen, die es ernst meinen: *Scharet euch um Christus! Er ist der einzige Garant, der euch diese Zeit im Geiste überleben läßt!*

Die Zeit der Zeiten kommt immer näher, und das Ende aller Enden kommt immer näher. Wehe den Mächtigen und den Spitzen der Kirchen, wenn nicht von ihnen eine rasche Bekehrung ausgeht! Wehe, wehe, wenn es so bleibt, wie es jetzt ist! Dann wird es noch viel schlimmer werden als ich es dir sagen konnte.

Geh hin, mein Kind, und sage es denen, die die Macht haben, es der ganzen Menschheit zu sagen! Ich werde bei dir sein und für dich eintreten, jetzt und immerdar.

Bedenke, daß ich dir all das sage, merke es dir und sorge dafür, daß es veröffentlicht wird!

So sprach die Mutter Jesu zu Lucia.

All den vielen Offenbarungen ist eines gemeinsam: Die Menschheit wird aufgerufen, doch endlich, endlich zur Besinnung zu kommen, da sie sonst einem schlimmen Schicksal entgegengeht.

Unser Schöpfer läßt zwar nicht zu, daß die Erde untergeht, doch muß die Menschheit ernten, was sie in ihrer frevelhaften Überheblichkeit gesät hat. Die kommenden Katastrophen soll die Menschen zur Besinnung bringen, damit sie sich wieder Gott zuwenden.

Das Wassermann-Zeitalter
Alles, womit wir in letzter Zeit beinahe täglich konfrontiert werden, sind nur Geburtswehen einer neuen Zeit, in der das Geistige im Vordergrund stehen wird.

Unserem Ursprung nach, sind wir alle Kinder des Kosmos, derzeit auf dieser Erde inkarniert, um unsere Chancen zu verbessern.

Unsere Mutter Erde, die mit ihrer Mutter, der Sonne, durch das All schwingt, ist nun in das geistige Zeitalter des Wassermanns eingetreten.

allem mit ihrem Schutzgeist und mit lieben Vorausgegangenen, in Verbindung treten können. Geburtsvorgang und Tod werden ihren Schrecken verlieren und die Lebenserwartung wird sich deutlich erhöhen.

Sowohl die Technik wie die Wirtschaft wird menschenfreundlicher sein, Kunst und Kultur werden eine nie geahnte Blüte erleben. Bei der Ernährung wird man auf tierische Nahrungsmittel verzichten, was sich sehr günstig auf das Zusammenleben auswirken wird.

Um die Menschen in ihrer Entwicklung zu fördern, werden Wesenheiten höher entwickelter Planeten, ihnen zur Seite stehen und sie belehren.

Die Menschen der neuen Erde werden auch endlich die geistige Vervollkommung als oberstes Ziel ihres Daseins betrachten.

Mit dem Abschluß der bevorstehenden Höherpotenzierung der Erde, wird man auch wieder mit einer neuen Zeitrechnung, mit Null, beginnen.

In den Genuß dieser paradiesischen Zustände werden jene kommen, die sich durch ihr Leben für Gott und Christus entscheiden.

Vision der Umgestaltung der Erde
(Auszug v. einer Kundgabe v. 31. Mai 1986)
Gott zum Gruß! Hardus.
Ich habe euch heute ein apokalyptisches Bild mitgebracht. Es ist nicht schön, aber kein zukunftsträchtiges Bild, das sich auf die jetzt noch bestehende Erde bezieht, kann schön sein.

Ich bitte euch, alles, was ich manchmal zwischen den Zeilen und Worten durchklingen lasse, als ernst und wahr anzunehmen, denn die Geisterwelt Gottes sagt nicht die Unwahrheit. Sie findet nur nicht immer die richtigen Worte, da unsere geistigen Begriffe eben anders sind, als eure Worte die Begriffe auszudrücken vermögen.

Deshalb muß ich meinen Gedanken immer wieder, sie durch geistige Pinselstriche korrigierend, eine andere Farbe geben, damit ihr mich recht versteht. Ich versuche Gedanke um Gedanke langsam in das Bild einfließen zu lassen.

Das vergangene Fische-Zeitalter und damit der laue Glaube und die Gewaltherrschaft Luzifers verbrennen in dem sich entzündenden Atompilz der Atombomben. Die neue Kraft des Wassermann-Zeitalters wird von der

Das vergangene Fische-Zeitalter dauerte von 150 v. Chr. - 1950 n.Chr. Der Höhepunkt war das Erscheinen unseres Herrn und Erlösers Jesus des Christus in körperlicher Gestalt als Jesus von Nazareth. Das geistige Wassermann-Zeitalter dauert von 1950 - 4050. Der Höhepunkt wird wieder das Erscheinen Christi sein, aber diesmal in geistiger Gestalt. Er wird die Erde geistig erneuern. Mit seiner geistigen Kraft wird die neue Erde geboren werden. *Christus ist der geistige Gestalter der neuen geistigen Erde.*

Im Vergleich zu den jetzigen Verhältnissen, wird man dort leben können, wie im Paradies. "Ich mache alles neu, wenn ich wiederkomme", sagte Jesus zu seinen Jüngern.

So wie bei einem Haus, das von Grund auf renoviert wird, kein Stein auf dem anderen bleibt, wird sich auch auf dieser Erde alles ändern.

Das Leben auf der neuen, gereinigten Erde

Mit menschlichen Worten ausgedrückt, besteht der wesentliche Unterschied zu den jetzigen Verhältnissen darin, daß die Herrschaft des Widersachers, Luzifer, für lange Zeit gebrochen sein wird. Dadurch fallen die unzähligen negativen Belastungen weg, die der derzeitigen Menschheit so sehr zu schaffen machen und sie in ihrer Entwicklung hemmt. Durch die Aufrichtung der Erdachse, wird sich eine veränderte Umlaufbahn um die Sonne ergeben und das bewirkt für die Natur, die gesamte Materie und für den menschlichen Körper, eine höhere Schwingung. Das bedeutet aber auch, daß auf der neuen Erde nur Menschen werden leben können, die bedingt, durch Arbeit an sich selbst, bereits eine gewisse Entwicklungsstufe erreicht haben.

Die Lebensbedingungen werden sich ganz entscheidend zum Positiven verändern! Z.B. Wegfall von Krankheitserregern, wie Viren und Bakterien, keine giftigen Pflanzen und wilden Tiere. Durch die Änderung der Erdachse wird es keine Jahreszeiten mehr geben und das ganze Jahr über wird ein gleichmäßiges, angenehmes Klima herrschen mit üppiger Vegetation. Obwohl die Bewohner der neuen Erde noch immer unterschiedlich entwickelt sein werden und auch verschiedene Religionsgruppen, werden alle den Glauben an Gott und Christus zur Basis haben.

Die meisten Menschen werden ohne Mittler mit der geistigen Welt, vor lebenden Menschheit des Fische-Zeitalters, dessen Saat noch auf der Erde grünt, mißbraucht.

Das kosmische Zeitalter der Fische geht wie alle Übergänge der ganzen Schöpfung fließend, schwingend in das des Wassermanns über.

Es verbrennen im Feuer des Hasses, der jetzt auf dieser Erde herrscht, alle Lieblosigkeit, aller Machtwahn, alle Machtgier, aller Sinnestaumel, aller Hochmut. Der kommende Krieg ist der Same, ausgestreut von der Menschheit des Fische-Zeitalters, und die Ernte der heute lebenden Menschheit.

In den heranbrausenden Stürmen, die reinigend über diese Erde kommen werden, werden die Unerwachten rufen: "Jetzt geht die Welt unter!" Die geistig Erwachten werden wissen: Die Welt kann nicht untergehen, sie wird gereinigt, erneuert.

Der Lebenszustand derer, die nicht Liebe geübt haben, die in Lieblosigkeit, Haß, Zwietracht, Neid, in Machtwahn, Besitzgier, im Sinnestaumel gelebt haben, wird sich zum Schlechteren verändern. Für jene, die gottlos gelebt haben, nur irdischen Freuden gefrönt haben und nur im Materiewahn verwickelt waren, für die wird es ein bitteres Gericht sein.

Jene, die geistig erwacht sind, die in Gott den Urgrund alles Seins, die Allliebe, das Erbarmen erkennen, und die Liebe geübt haben, werden bestehen, auch in den Reinigungsperioden in den Sphären auf oder über der Erde.

Für diese geistig Erwachten, die Gott aus ganzem Herzen lieben und dem Nächsten in ebensolcher Liebe zugetan sind wie sich selbst, bedeuten die Ereignisse der Umgestaltung der Erde die Auferstehung, die Erlösung in eine neue, schönere, in eine geistige Welt.

Christus wird geistig wiederkommen, und keiner wird ohne Prüfung dem Schmelztiegel der Wendezeit entrinnen.

Er wird eine neue Geistlehre bringen, die Geistlehre des Wassermannzeitalters. Diese wird eine Verinnerlichung bedeuten, eine Vergeistigung, eine Mobilisierung der geistigen Kräfte und eine Vollendung für jene, die geistig zu Christus gehören.

Diese kosmische Religion, die Christus mit Seiner Geisterwelt bringen wird, wird das Erkennen Gottes in sich bergen, das Leben in Gott, das Leben mit Gott.

In uns allen ist dieses Erkennen Gottes in Keimform vorhanden! Es liegt an euch, diesen Keim wachsen zu lassen und damit euer Bewußtsein zu wecken! Wir helfen auch nur dabei.

Das geistige Wassermann-Bewußtsein ist also nichts anderes, als das, was Jacob Böhme schon vor langen Jahren in sich verspürte: "Es lodert in mir eine Flamme: das Bewußtsein, daß Gott in mir ist!" So oder in ähnlichen Worten hat er sich ausgedrückt. Er spürte Gott in sich und meinte damit den Gottesfunken, das Lebendige in sich, in dir, in jedem einzelnen von uns!

Das Wassermann-Zeitalter ist ein *Zeitalter eines neuen Geistes*, frei von Stoff. Wie ein neuer heller, himmlischer, geistiger Glockenklang wird dieser Ton des neuen geistigen Wassermann-Zeitalters in den Sphären, in den adäquaten Erdenwelten auf und über die Erde erklingen. Alle, die das erkennen, werden Gott lobpreisen, denn sie werden erfaßt haben: Gott lebt in mir und ich in Ihm.

Das geistige Wassermann-Zeitalter wird aber auch ein *Zeitalter der Einheit* werden. Der Materialismus wird dem Idealismus weichen, die Gewalt der Gewaltlosigkeit, die Ichsucht der Nächstenliebe. Der geistig gereifte Wassermannmensch wird wissen, daß Ichsucht Nichtsein, und daß Liebe Allsein ist.

Er wird mit seinen geistigen Brüdern aus den engen Grenzen der neuen Erde hinaustreten und in adäquaten Sphären und Planetenwelten geistig lehren und lernen, von und mit ihnen.

Das geistige Wassermann-Zeitalter ist auch ein *Zeitalter der Intuition*. Die Erkenntnis wird geschärft und die Macht des Bösen und der heutigen Verführer hinabgedrängt, sodaß die vergeistigten Menschen der neuen Erde wachsen und gedeihen können ohne die Versuchungen, wie sie jetzt noch auf dieser Erde sind.

Das geistige Wassermann-Zeitalter wird auch noch ein besonderes Merkmal haben: das Merkmal der *persönlichen Freiheit*. Jetzt seid ihr durch eure Verfehlungen an ein bestimmtes Karma, an eine bestimmte Ordnung gebunden, doch dann werdet ihr persönlich frei sein und das auch erkennen. Diese persönliche Freiheit wird noch gesteigert werden, sodaß ihr die Unmittelbarkeit der Geisterwelt spüret.

Das bedeutet, daß ihr mit euren lieben Schutzgeistern von Angesicht zu

Angesicht werdet verkehren können, ihr werdet keine Medien mehr nötig haben, und alles fragen können, was euch bedrückt.

Das ist dann der größte Triumph für jeden Einzelnen von euch, und ihr werdet in die geistige Reife des geistigen Wassermann-Zeitalters hineingeführt.

Ich bitte Gott, Christus und Seine himmlischen Boten inständig, sie möchten euch mit starker Hand durch diese verhältnismäßig kurze Zeit führen, damit ihre Belehrungen an euch nicht unterbrochen werden, und damit ihr nicht rufen, schreien, wehklagen und in Angst versinken möget mit den Unerwachten, die glauben werden, jetzt ginge die Welt zugrunde. Wenn ihr solches hört, seid auf der Hut und denket an unsere Worte: Die Welt geht nicht unter, nur die Ursache muß verklingen, damit eine neue Erde entstehen kann.

Die Saat, die die Menschheit im Fische-Zeitalter gesät hat, geht auf. Wie könnte es auch anders sein?

Nun will ich euch den inneren Seelenfrieden geben, sowie viel Kraft zum Verständnis dieses Bildes und des schönen Aquarells des geistigen Wassermann-Zeitalters. Ich habe es euch in den hellsten Farben gemalt, damit ihr erfassen könnt, was wir sehnsüchtig wünschen.

Unsere Sehnsucht soll auch eure Sehnsucht werden, die Sehnsucht nach den hellsten Farben des geistigen Wassermann-Zeitalters, wo es sich leben läßt wie im Paradies!

Gott gebe euch die Kraft, daß ihr diese kurze Zeit hindurch standhaft bleibet! Dies wünscht euch die gesamte Geisterwelt Gottes, die sich so bemüht um euch. Friede sei mit euch!

Gott zum Gruß! Hardus.

Was geschieht mit den Nachfolgern Luzifers?

Alle diejenigen, die sich durch ihre Taten dem Herrn der Tiefe zuwenden, teilen leider auch sein hartes Schicksal. Sie werden mit ihm auf ein Äon gebannt und müssen auf einem noch tiefer stehenderen Himmelskörper als es die Erde ist, auf einer tierähnlichen Stufe erneut ihre Aufwärtsentwicklung beginnen, was einen Umweg von Äonen bedeutet. Die tröstliche Gewißheit ist, daß keiner für ewig verloren ist.

Luzifer wird nach einem Äon (Zeitraum von unbestimmter Dauer) auf der Erde wieder freigelassen. Die Menschen werden dann, da sie sich in der Zwischenzeit wesentlich weiter entwickelt haben, seinen Angriffen viel besser standhalten können.

Die Menschheit ist in ihrer geistigen Entwicklung längst im Verzuge. Missionen freiwillig inkarnierter hoher Wesen, immer wiederkehrende Appelle der geistigen Welt, vor allem von Mutter Maria an unzähligen Gnadenorten, brachten nicht den gewünschten Erfolg. Die Menschheit hat zum Großteile ihre Lebensaufgabe nicht erfaßt und irrt wie eine Hammelherde unter Führung Luzifers und seiner Vasallen umher. Die wenigsten Menschen ahnen, daß sie als Marionetten einer negativen Intelligenz mißbraucht werden. Durch die Leugnung seiner Existenz tat man Luzifer den größten Gefallen. Die Nichtanerkennung des Geistigen, der Materiewahn, Streben nach Macht, Hochmut statt Bescheidenheit und Demut, Lieblosigkeit und Haß statt Nächstenliebe, treiben die Menschheit in Scharen in die Arme des Widersachers und geben ihm damit die höchsten Trümpfe in die Hand. Da er aber weiß, daß die Zeit, die ihm noch bleibt, sehr kurz bemessen ist, versucht er unter Aufbietung aller Kräfte, vor allem Täuschungsmanöver, noch viele unwissende Menschen zu betören.

Vorgänge bei der Reinigung und Umwandlung der Erde

Die nachfolgenden Aussagen sollen nicht dazu dienen, Angst und Schrekken zu verbreiten, denn dies ist eine Waffe Satans. Es ist aber erwiesen, daß man Schwierigkeiten viel besser meistert, wenn man darauf vorbereitet ist, weil man sich dann darauf einstellen kann.

Wir befinden uns mitten in der Zeit der Umwandlung.

Hoch entwickelte geistige Wesenheiten, die sich über Mittler kundgaben, rechnen mit gewaltigen Ereignissen:

Das erste, spürbare Ereignis wird ein *Zusammenbruch des internationalen Wirtschafts- und Währungssystems* sein. Vorboten dafür ist z.B. die bestehende *Hochzinspolitik.* Dadurch soll der untragbare Zustand, daß 1/4 der Erdenmenschheit in den reichen Industrieländern auf Kosten der Armen in den Entwicklungsländern lebt, aufgehoben werden. Dies bewirkt natürlich in zunehmendem Maße Unruhen, Streiks, Revolutionen, bürgerkriegsähnliche

Geschehen, da die Bewohner des wohlhabenden Teils der Welt sich nicht so leicht von ihrem bisherigen Wohlstand trennen werden.

Naturkatastrophen wie Wirbelstürme, Erdbeben, Vulkanausbrüche, Überschwemmungen, Springfluten, werden zunehmen. Wir sollen nicht glauben, daß wir in unserem Land, auf die Dauer davon verschont bleiben.

Auch bei uns wird es in der Folge zu Erdbeben und sogar Vulkanausbrüchen längst erloschen geglaubter Vulkane kommen.

Die geistige Welt empfiehlt uns, jetzt, wo wir noch von Katastrophen verschont sind, mit den armen, betroffenen Menschen zu teilen, denn in dem Ausmaß, wie wir jetzt helfen, wird auch uns geholfen werden.

Landteile werden untergehen und neue, bisher unter dem Meer liegende, emporsteigen. *Die Oberfläche der Erde wird sich völlig verändern.*

Der Umfang und das Ausmaß der Katastrophen steht nicht fest, sondern hängt vom Verhalten der Menschen ab. Gott will seinen Kindern ja kein Leid zufügen. Für viele, total der Materie verfallene und verhärtete Menschen, besteht aber keine andere Möglichkeit, als sie auf diese schmerzhafte Art wachzurütteln.

Schon jetzt werden von der geistigen Welt viele Zeichen der bevorstehenden Wende gesetzt, die aber meist nicht ernst genommen werden.

Die Scheidung der Geister ist bereits in vollem Gang! Jeder bestimmt durch seine Taten, für welche Seite er sich entscheidet.

Obwohl niemand den genauen Zeitpunkt der Wiederkunft unseres Herrn und Erlösers kennt, ist anzunehmen, daß dieses Ereignis sehr nahe ist. Im *Gleichnis der klugen und törichten Jungfrauen,* die die Ankunft des Bräutigams erwarteten, wird uns gezeigt, daß wir ständig wachsam sein sollen, damit die geistige Flamme in uns nicht zum Verlöschen kommt. Es gehört zu den Machenschaften der dunklen Seite uns Gedanken einzugeben, uns in Sicherheit zu wiegen und die so notwendige Entwicklungsarbeit an unserer Seele immer wieder hinauszuschieben. Eines Tages könnte es zu spät sein!

Wie überlebt man die Umwandlung der Erde?

Aus den Berichten vieler Seher und Propheten der Vergangenheit und Gegenwart ist zwar zu entnehmen, daß die bevorstehenden Ereignisse für die Menschheit sehr schmerzhaft sein werden, da sie ja dazu dienen sollen, noch viele zu einer Gesinnungsänderung zu veranlassen. Eines ist jedoch sicher: *Wir alle werden die Umwandlung der Erde überleben, entweder in- oder außerhalb unseres Körpers!* Nicht die Form, sondern das Bewußtsein ist ent-·scheidend und das ist nicht an den materiellen Körper gebunden.

Möglichkeiten des Überlebens
- Evakuierung durch Außerirdische (Menschen anderer Planeten)
- Geistige Entrückung
- Ablegen des irdischen Körpers

Evakuierung durch Außerirdische
Es ist mir völlig bewußt, daß ich mit diesem Kapitel das heißeste Eisen des ganzen Buches anfasse, da die nachfolgenden Aussagen oft so gar nicht in das mühsam aufgebaute Weltbild passen.

Lieber Leser, auch wenn die folgenden Zeilen für Dich wie ein Märchen klingen, zu phantastisch um Dir als glaubwürdig zu erscheinen, weise den Inhalt nicht ab, sondern gebrauche, die Dir vom Schöpfer gegebene Vernunft und prüfe das Gesagte!

Das UFO-Phänomen
Der nächtliche Sternenhimmel übte schon immer auf uns Menschen eine ungeheure Faszination aus. Der Anblick der funkelnden Sterne vermochte Generationen von Künstlern zu inspirieren. Wenn wir den Blick zum Himmel erheben, wird uns die Allmacht, Größte und Erhabenheit unseres Schöpfers, aber auch die eigene Geringfügigkeit und Schwäche bewußt. Seit Äonen ziehen die Himmelskörper in völliger Harmonie und Ordnung ihre Bahn, ohne daß es jemals zur kleinsten Störung gekommen wäre.

Schon in der Schule lernten wir, daß jedes einzelne der funkelnden Lichter in Wahrheit eine Welt in der Größe unserer Erde oder ein Vielfaches davon ist. Die Erklärung der offiziellen Wissenschaft, daß die Himmelskörper allesamt unbewohnt seien, abgesehen von einigen primitiven Mikroorganismen, stimmt ernüchternd und ist unbefriedigend. Nach ihren Aussagen wäre die Erde im weiten Umkreis unseres Sonnensystems der einzige Planet, der intelligentes Leben trägt. Unwillkürlich fragt man sich nach dem Sinn und Zweck der Myriaden von Himmelskörpern, wo doch bekannt ist, daß es in der ganzen Schöpfung nichts Zweckloses gibt. Jede kleinste Schaffung in der Natur, sei es eine Pflanze, eine Mikrobe, hat ihre Aufgabe im Gesamtplan der Schöpfung zu erfüllen. Myriaden von Welten sollten nur dazu dienen, um den Menschen des Nachts den Anblick eines schönen Sternenhimmels zu bieten oder um die Künstler zu inspirieren? Ausgerechnet die Erde mit ihren unzulänglichen Bewohnern sollte als einziger Stern dazu auserkoren sein, um intelligentes Leben zu tragen?

Die meisten von uns sind gewohnt, wissenschaftliche Behauptungen nicht zu hinterfragen, sondern als gegeben hinzunehmen, da es ja gar nicht möglich ist, diese Aussagen zu überprüfen. (Eines muß man der jetzigen Menschheit lassen: Wenn sie auch im allgemeinen den Glauben verloren hat, wissenschaftsgläubig ist sie allemal!) Man vergißt dabei aber, daß die Wissenschaft zu jeder Zeit alles bewiesen hat, was sie beweisen wollte, je nach dem Erkenntnis- und Wissensstand der jeweiligen Epoche und wenn man es sich recht überlegt, dann ist unser heutiges Weltbild, wo man annimmt, daß nur die Erde von intelligenten Wesen bewohnt wird, nicht auf einem wesentlich höheren Niveau, als zu der Zeit wo man behauptete, sie wäre der Mittelpunkt des ganzen Kosmos.

Mittlerweile gibt es unzählige Berichte von glaubwürdigen Menschen aus allen Ländern, die den Kontakt mit Bewohnern anderer Planeten bezeugen. Es sind dies keine weltfremde Spinner oder Sektierer, die an zu starken Phantasien leiden, sondern realitätsbezogene Menschen aller Berufsgruppen, die oft vorher noch nie von diesen Phänomenen gehört hatten oder bis zu diesem Zeitpunkt selbst nicht daran glaubten, bis sie eines Besseren belehrt wurden.

Seit dem Jahre 1947 werden weltweit in großer Zahl "unbekannte Flugobjekte" oder "fliegende Untertassen" beobachtet und zwar nicht nur von einzelnen, sondern oft von vielen gleichzeitig, wie z.B. anläßlich eines internationalen Fußballspiels, wo über das Stadion eine Staffel von Ufos flog. Handelt es sich hier um Symptome einer Massenhysterie, wie gerne behauptet wird?

Angesichts der wahren Flut von Sichtungen von Ufos in den letzten Jahren ist es nicht mehr möglich, sie mit einer Handbewegung abzutun. Natürlich gibt es auch Leermeldungen, die eine ganz natürliche Erklärung finden.

Anfangs dachte man ja auch an gar keine andere Möglichkeit, als daß die Flugkörper irdischer Herkunft wären. Eine Großmacht verdächtigte die andere irgendwelcher militärischer Machenschaften. Genauere Beobachtungen aber ergaben, daß die Flugkörper Manöver ausführten, die alle irdischen physikalischen Gesetze außer Kraft zu setzen schienen. Dies führte dazu, daß das Personal der US-Streitkräfte, das die Ufos beobachtet hatte, zu strengem Stillschweigen verpflichtet wurden, da man befürchtete, daß, wenn die Wahrheit ans Licht käme, eine Panik ausbrechen würde.

Der sowjetische UFO-Experte Dr. Zigel, Prof. für Kosmologie am Moskauer Institut für Luft- und Raumfahrt, Ausbilder der sowjetischen Kosmonauten sagte 1981:

"Wir haben Ufos über der UdSSR beobachtet. Es sind Objekte jeder denkbaren Form: Groß, klein, flach, kreisförmig. Sie können in der Luft stehenbleiben und sich mit 100.000 km/h fortbewegen. Sie fliegen ohne das kleinste Geräusch, indem sie um sich ein pneumatisches Vakuum bilden, das sie davor schützt, beim Eintritt in die Erdathmosphäre zu verglühen. Sie haben die mysteriöse Fähigkeit zu verschwinden und wieder aufzutauchen. Sie können unsere Energiequellen anzapfen, unsere Kraftwerke lahmlegen, unsere Radiostationen, unsere Motoren und alles, ohne einen anhaltenden Schaden zu verursachen. Eine so raffinierte Technologie kann nur das Werk einer Intelligenz sein, die der des Menschen weit überlegen ist."

Beweise für die außerirdische Herkunft der UFOS

In den Archiven der Weltmächte befindet sich unter strengstem Geheimverschluß eindeutig Beweismaterial, wie Gesteins- und Metallproben, Pflanzen, das von Außerirdischen Kontaktpersonen übergeben wurde, dessen nicht irdische Herkunft eindeutig bewiesen ist, ganz zu schweigen von tausenden Fotos.

Als **top secret** gilt die Tatsache, daß der amerikanische Geheimdienst im Besitze von sterblichen Überresten einer außerirdischen Besatzung ist, die infolge eines tragischen Unfalls ums Leben kamen. Darüber gibt es sowohl Fotos, als auch einen Briefwechsel.

Unzählige Menschen aus aller Welt haben mit Außerirdischen gesprochen, standen mit ihnen im telepathischen Kontakt, waren an Bord ihrer Raumschiffe oder haben ihre Botschaften empfangen. Als normaler Mensch fragt man sich natürlich, aus welchem Grunde diese Tatsachen mit Methoden, die stark an die Mafia erinnern, geheimgehalten werden.

Nato-General Petersen erklärt die Gründe für die Geheimhaltung wie folgt:

- Das gesamte bisherige wirtschaftliche und monetäre System würde zusammenbrechen, da auf anderen Planeten alle Güter- und Energievorräte gleichmäßig auf alle Bewohner verteilt werden. Keine Machtgruppe der Erde würde dies zulassen.
- Alle Konfessionen müßten umdenken, denn die Wahrheit ist anders als die von den Kirchen gelehrte. Sie würden an Macht und Einfluß auf die Menschen verlieren.
- Durch eine Änderung in der Energieversorgung wäre die Macht der internationalen Atomlobby und der Ölkonzerne vorbei, da die Menschheit eine Energiequelle kennenlernen würde, die unsere Umwelt nicht schädigt.
- Die Politiker würden entlarvt, da sie zugeben müßten, daß sie uns schon seit Jahrzehnten belogen haben.

Aus diesen Gründen tut man alles, daß die Wahrheit über die Herkunft der UFOS nicht bekannt wird.

Falls die Strategie der Geheimhaltung einmal aus irgendwelchen Gründen nicht greift, hat man sich eine eigene Taktik zurechtgelegt:

Die Massenmedien wurden angewiesen, tatsächliche Fälle zunächst in großer Aufmachung zu bringen, für die man wenig später eine "natürliche" Erklärung findet. Man erklärt die angeblichen UFOS dann mit Luftspiegelungen, Satelliten, Wetterballons, Meteoriten, auch wenn die Erklärung noch so an den Haaren herbeigezogen ist.

Luftwaffensprecher Albert Chop: "Wir wurden angewiesen, bei einer landesweiten Wegerklärungskampagne mitzuarbeiten, Artikel in Zeitungen zu bringen, Interviews zu geben, UFO-Berichte lächerlich zu machen. Das war nicht einmal das Schlimmste. Uns wurde befohlen Sichtungen wenn irgend möglich geheim zu halten, oder wenn ein Bericht vorschnell an die Öffentlichkeit gelangt war, ihn wegzuerklären, auf jeden Fall alles zu tun, um ihn so schnell wie möglich aus der Welt zu schaffen. Wenn uns keine plausible Erklärung einfällt, sollten wir einfach die Zeugen lächerlich machen." In den nächsten Monaten quittierte Chop den Dienst bei der Luftwaffe. (Entnommen aus: Die Beweise von M. Heseman)

Die Botschaft der Außerirdischen

Welche Absicht verfolgen die Bewohner anderer Welten mit ihren Demonstrationen? Was wollen sie der Menschheit sagen?

Es ist ein Irrtum zu glauben, daß uns die Bewohner anderer Planeten erst in letzter Zeit besuchen. Höhlenzeichnungen, Berichte aus der Bibel, Beispiele aus der älteren und jüngeren Geschichte beweisen, daß unsere außerirdischen Freunde schon in grauer Vorzeit die Erde mit ihren "fliegenden Schiffen" besuchten. Ist es bloße Neugierde, kommen sie in kriegerischer Absicht oder wollen sie uns vor Unheil bewahren?

Um diese Zusammenhänge zu verstehen, ist es notwendig, die geistigen Hintergründe zu kennen.

Bekanntlich sind alle sichtbaren, materiellen Welten eine Ursache des Falles. Um den von Gott abgefallenen Geistern eine Wohnstätte zu geben, entstanden zuerst halb-materielle, später materielle Weltstufen mit ihren Planeten. Ziel der ganzen gefallenen Schöpfung aber ist die geistige Aufwärtsentwicklung.

Während die Bewohner anderer Planeten es mehr oder weniger zustandebrachten, sich geistig höher zu entwickeln, ist die Erde, bedingt durch den unmittelbaren Einfluß Luzifers, das Sorgenkind des Universums. Die Zustände sind hier noch immer katastrophal:

Es werden noch immer Kriege geführt, Tiere geschlachtet, man streitet um Grenzen und Güter, ein kleiner Teil der Menschheit lebt auf Kosten der übrigen, und was das Schlimmste ist: Viele anerkennen nicht einmal einen Schöpfer, eine geistige Welt und haben keine Ahnung vom Sinn und Zweck ihres Erdenlebens. Durch ihr unvernünftiges Verhalten haben sie die Erde ausgebeutet und ihre eigenen Lebensgrundlagen zerstört. Durch den Einsatz der Atomkraft wurde aber nicht nur die Erde und die darauf lebenden Menschen schwer geschädigt, sondern die Verseuchung durch Radioaktivität gefährdet auch die anderen Planeten des Sonnensystems, deren Bewohner schon seit geraumer Zeit äußerst besorgt das Treiben der Erdenmenschen beobachten.

Eine Zerstörung der Erde durch Atombomben würde das Gleichgewicht des ganzen Sonnensystems und dies wieder, des ganzen Kosmos gefährden. Aus diesem Grunde kann man das gehäufte Auftreten von UFOS in diesem Jahrhundert, insbesondere nach Atomversuchen, beobachten.

Jeder Stern im Kosmos ist dazu bestimmt, Leben zu tragen, um Wesen eine Wohnstätte für ihre geistige Aufwärtsentwicklung zu bieten. Es existiert eine ungeheure Vielzahl materieller, halb-materieller und feinstofflicher Himmelskörper (wovon mit dem Fernrohr und anderen Instrumenten nur die materiellen wahrnehmbar sind), je nach der geistigen Entwicklungsstufe ihrer Bewohner. Sie besitzen eine von der Erdenmenschheit verschiedene Schwingung, was bedeutet, daß wir sie, wenn wir auf ihren Planeten landen würden, gar nicht wahrnehmen könnten. Auch Fernrohre, Sonden usw. sind nicht anderes, als erweiterte menschliche Sinnesorgane und geben daher immer Leermeldungen ab.

Natürlich haben sie auch andere Lebensbedingungen als die Erdenbewohner, wobei auch gesagt wurde, daß die Angaben bezüglich Temperatur und Witterungsverhältnissen, die unsere Satelliten melden, oft gar nicht stimmen.

Der Großteil unserer außerirdischen Geschwister steht in ihrer geistigen Entwicklung weit über der Erdenmenschheit, auch in technischer Hinsicht. Es ist dort die Raumfahrt sehr hoch entwickelt, sie reisen mit Lichtgeschwindigkeit, indem sie die Schwerkraft aufheben usw. Sie arbeiten im Gesetz und im Willen Gottes und sind sich bewußt, daß das Gesetz der Liebe universell ist und für den ganzen Kosmos gilt. Aus diesem Grunde bemühen sie sich bereits seit Jahrtausenden um die Erdenmenschheit, indem sie mit ihren Raumschiffen schon in grauer Vorzeit hier landeten, um die Menschen zu belehren und geistig zu führen. Man hielt sie zwar für herabgestiegene Götter, die meisten aber waren nicht bereit, ihre Lehren anzunehmen.

Die außerirdische Rettungsaktion

Die wichtigsten Planeten sind in einer *intergalaktischen Konföderation* zusammengeschlossen. Die Leitung haben die *Santiner*. Eine Menschheit, die etliche Lichtjahre von der Erde entfernt lebt. Das Oberkommando führt ein Wesen namens *Ashtar Sheran*, der mit der lichten geistigen Welt zusammenarbeitet. Sie haben den göttlichen Auftrag, der Erde bei der Reinigung und Umwandlung beizustehen. Als Flugkörper verwenden sie riesige Mutterschiffe, in der Größe von Städten, die rund um die Erde bereits jetzt postiert sind. Da sie mit dem Eintritt einer irdischen Katastrophe, Polsprung, Kippen der Erdachse, rechnen, haben sie in diesem Fall den Auftrag, rettungswillige Menschen aufzunehmen und in Sicherheit zu bringen, die so lange als Gäste in ihren Raumschiffen verweilen sollen, bis die Erde wieder bewohnbar sein wird.

Um den Menschen die Furcht zu nehmen, versuchen sie in der letzten Zeit vermehrt sich zu zeigen, Botschaften an geeignete Menschen zu geben oder Kontakte herzustellen. Es wird berichtet, daß alle Regierungen dieser Erde von dieser Tatsache von ihnen informiert wurden, sie aber aus den erwähnten Gründen, bis heute verschwiegen haben. Da sie nach den göttlichen Gesetzen leben, beachten sie unbedingt das Gesetz des freien Willens, was ihnen unmöglich macht, spektakulär und in großer Zahl, ganz einfach im Zentrum einer Stadt zu landen, es sei denn, daß der Erde eine unmittelbare Gefahr droht.

Es ist zu befürchten, daß im Katastrophenfall nur wenige Menschen von der Rettungsmöglichkeit unserer Sternengeschwister Gebrauch machen werden, da durch Greuelpropaganda von Monstern und Ungeheuern, aber auch durch die Science-Fiction-Literatur ein gänzlich falsches Bild entstand, was natürlich wieder auf das Konto der negativen Mächte geht.

Die Zeit für die Rettungsaktion wird nur kurz bemessen sein. Wer diese Möglichkeit ablehnt, muß, wenn er nicht entrückt wird, leider das furchtbare Geschehen der Reinigung der Erde miterleben.

Voraussetzung für die Rettung ist aber nicht nur der Wille dafür, sondern eine gewisse geistige Entwicklungsstufe, um von den lichten Helfern überhaupt wahrgenommen zu werden.

Dies erreicht man nur durch ein unbedingtes Gottvertrauen und durch die beharrliche Arbeit an sich selbst. Alle Untugenden sollen nach und nach ausgemerzt und durch Tugenden ersetzt werden. "Selbst wenn Weltentrümmer auseinanderfallen, meine Hand wird dich retten!" Dies versprach unser Herr und Erlöser.

Wir stehen vor dem Beginn gewaltiger Ereignisse in einem Ausmaß, wie sie die Menschheit noch nie erlebt hat. Im Zuge dieser Umwandlungen wird

kein Stein auf dem anderen bleiben. *"Ich mache alles neu, wenn ich wiederkomme"*, sagte Jesus zu seinen Jüngern.

Sicher wird das, was in Kürze auf uns zukommt, sehr hart und schmerzhaft sein. Alle kommenden Ereignisse sind aber notwendig, um die Menschheit endlich aus ihrer Lethargie wachzurütteln, damit sie weiß, von wo einzig und allein Hilfe zu erwarten ist. Sie muß wieder lernen zu beten und
Nächstenliebe zu üben.

All diejenigen, die von unseren Sternengeschwistern in ihre Raumschiffe
aufgenommen werden, haben nichts zu befürchten. Im Gegenteil: Sie werden in geschwisterlicher Liebe als Gäste aufgenommen und behandelt
werden. Es heißt sogar, daß die Evakuierung ein sehr schönes Erlebnis sein
wird, denn die Raumschiffe sind mit allem Komfort ausgestattet. Neben
den Wohnanlagen, die keine Wünsche offen lassen, gibt es Parks, bestens
sortierte Bibliotheken, Observatorien, aber auch Lehrsäle, denn vor allem
sollen die geretteten Erdenmenschen für das Leben auf der neuen Erde
geschult und vorbereitet werden. Auch unser Gesundheitszustand und die
Schwingung sollen verbessert und verfeinert werden.

Erst wenn die Reinigung und Umwandlung abgeschlossen und die Erde
wieder bewohnbar sein wird, werden die Menschen wieder zurückgebracht,
wo sie dann mit Hilfe unserer außerirdischen Geschwister ein neues und
weit besseres Leben beginnen werden. Im Vergleich zu den Zuständen auf
der alten Erde, wird man dann leben können wie im Paradies.

**Die folgende Botschaft empfingen die Astronauten der Raumfähre
"Columbia" im Juni 1992 von den Santinern.**

"Wir richten unsere Worte an die verantwortlichen Staatsmänner der Erde.
Es bleibt uns nichts verborgen, was hinter geschlossenen Türen verhandelt
und gesprochen wird. So wissen wir auch, daß vieles der Weltbevölkerung
vorenthalten wird, was für die nahe Zukunft von lebenswichtiger Be-
deutung ist. Warum, so fragen wir euch, wird eine alles entscheidende
Wahrheit unter Verschluß gehalten, obwohl es die Vernunft gebieten würde, die Allgemeinheit über die kritische Lage des ganzen Planeten zu un-
terrichten und daß mit gewaltigen Veränderungen der Erdoberfläche zu
rechnen ist. Um aber eine Panikstimmung zu vermeiden, müßte jedoch zu-

gleich die Geheimniskrämerei um unsere Existenz aufgegeben und der wahre Grund unseres Hierseins bekanntgemacht werden. Es geht doch schon lange nicht mehr um die Beibehaltung eurer irdisch beschränkten wissenschaftlichen und religiösen Dogmen, die sich auf falsche Überlieferungen beziehen, sondern um die Tatsache eurer Eingebundenheit in eine Lebensgemeinschaft, die das ganze Universum mit seinen unendlich vielen bewohnten Planeten umfaßt. Wir kommen von eurem benachbarten Sonnensystem, das Ihr "Alpha centauri" nennt, und betreuen euch schon seit Jahrtausenden, ohne daß ihr euch dessen bewußt geworden seid. Wir erschienen euch in eurer historischen Vergangenheit als "Götter", weil wir mit Raumschiffen vom "Himmel" kamen.

Leider war es nicht möglich, euch über die Wahrheit aufzuklären, da sich der Bewußtseinsgrad der damaligen Menschen nur auf die Erde als dem angeblichen Schöpffungsmittelpunkt beschränkte. Die Kirchen taten ein übriges, um diesen Glauben zu hüten, trotz fortschreitender Erkenntnisse in Astronomie, Biologie und Physik. Nachdem ihr nun selbst die ersten Schritte zu einer Raumfahrt unternehmt – wenn auch mit einer unzureichenden Technik auf falscher Grundlage –, so sollte es euch doch nicht mehr schwerfallen, uns als eure fortgeschritteneren Sternengeschwister anzuerkennen und eine allgemeine übliche Geste des Willkommens zu zeigen. Denkt auch einmal an die persönlichen Opfer, die wir aus Liebe zu euch gefallenen Brudermenschheit bereits erbracht haben und weiterhin noch erbringen, nicht um euren Dank zu erwarten, sondern als Gottesboten - um mit eurer Bibel zu sprechen, und im Dienste eures Erlösers, den wir als unseren Hohen Bruder verehren.

Die letzte Stunde Seines für euch unfaßbaren Erlösungswerkes hat nun geschlagen, und wir werden uns erneut als eure verläßlichen Helfer erweisen, wenn euer Planet, durch kosmische Gesetze bedingt, in eine höhere Lebensdimension überführt wird. Wir stehen euch in eurer selbstverschuldeten Notlage mit unseren Rettungsmitteln bei. Gebt auch uns ein Zeichen eures Vertrauens, indem Ihr unsere Rettungshand ergreift. Wir werden euch in unsere Raumschiffe holen, wenn die Erde für eine gewisse Zeit nicht mehr bewohnbar sein wird.

Habt keine Angst vor dem Unbekannten, denn wir handeln im Auftrag eures Erlösers Jesus Christus, der euch doch versprochen hat, "mit großer Macht und Herrlichkeit" wiederzukommen. Glaubt an Seine Verheißung, denn sie wird sich jetzt erfüllen."

Geistige Entrückung

Bei entsprechender Entwicklung können Christusnachfolger, Menschen, die bewußt die Nachfolge unseres Herrn und Erlösers antreten oder solche, deren Leben in Gedanken, Worten und Taten dem von Jesus gleicht und von Liebe durchdrungen ist, mit ihrem Körper plötzlich in eine jenseitige Sphäre versetzt werden, wenn sie es mit ihrem freien Willen zulassen. All diejenigen sind für die geistige Welt gezeichnet und tragen ein für uns unsichtbares Kreuz auf der Stirne. Man findet Hinweise auf dieses Geschehen in der Bibel: "Wenn zwei auf dem Felde arbeiten, dann wird einer davon mitgenommen, der andere dagelassen." (Math.24).
Schon jetzt werden bei großen Katastrophen Menschen entrückt, was aus der Tatsache zu erkennen ist, daß die Zahl der Vermißten immer weit höher ist, als die der geborgenen Leichen.

Ablegen des irdischen Körpers
-    Die irdische Stufe ist bereits überwunden und daher ist keine weiter Inkarnation mehr auf der neuen Erde notwendig. – Aufstieg auf höhere Planeten oder
-    Wiedergeburt auf der neuen, gereinigten Erde oder
-    Neubannung mit Luzifer auf einem tiefer stehenden Himmelskörper. Dies ist die schlechteste aller Möglichkeiten, da solche Wesen in einer Art Erstarrung lange Zeiträume warten müssen, bis sie dann auf einer wesentlich niedrigeren Stufe als jetzt, erneut ihren geistigen Aufstieg beginnen können.
Auf jeden Fall wird geschehen, was für jeden von uns das Beste ist. *Keiner ist auf ewig verloren!*

Die Zeit der Wende optimal nützen
Das Leben zu dieser Zeit der Wende ist nicht einfach.
"Würden die Tage nicht abgekürzt, es würde keiner bestehen."
Durch das luziferische Prinzip: teile und herrsche, versucht der Gegensatz überall Disharmonie zu säen. In allen menschlichen Gemeinschaften wird versucht, Zwietracht zu erzeugen, sodaß letztlich jeder auf sich allein ge-

stellt ist und dadurch eine leichte Beute des Gegensatzes wird. Wir können diese Entwicklung deutlich an den Vorgängen in der äußeren Welt erkennen.

Die einzige Möglichkeit diese Zeit heil zu überstehen, ist die völlige Hinwendung zu Gott, die unermüdliche Arbeit an der eigenen Seele, um den Angriffen wirksam zu begegnen.

Noch ist es Zeit, damit zu beginnen!

Die Nachfolge Christi

Obwohl es viele Wege gibt, die uns Gott näher bringen, müssen wir letztlich alle sei es in einer späteren Inkarnation, sei es im Jenseits, die Nachfolge unseres Herrn und Erlösers antreten, wenn wir in die ursprüngliche Heimat, heim ins Vaterhaus, zurückkehren wollen. "Keiner kommt zum Vater, denn durch mich!"

Der Christusweg ist für uns Bewohner der westlichen Welt der einfachste und gefahrloseste, der für jeden gangbar ist. Seine Quintessenz lautet: *Liebe den Herrn, deinen Gott über alles und deinen nächsten, wie dich selbst!*

Wir werden zum Nachfolger Jesu, indem wir lieben, nicht nur Gott und Menschen, sondern die ganze Schöpfung mit all ihren Daseinsformen. Um richtig lieben zu können, müssen wir dazu erst die richtige Voraussetzung schaffen durch die Arbeit an der eigenen Seele.

Wenn wir diesen Weg seiner Nachfolge ernsthaft gehen, kann uns auch in den Zeiten ärgster Bedrängnis nichts geschehen. *Selbst wenn Weltentrümmer auseinanderfallen, meine Hand wird dich retten,"* versprach unser Herr und Erlöser.

Christus-Botschaft vom 19. Dezember 1992
(übermittelt als Christusstrahl durch einen Mittler)
Geliebte meines Vaters!

Im Auftrage meines Vaters bringe ich diese Botschaft der Welt, der Menschheit und den Sphären zur Kenntnis:

In Seinem Auftrag werde ich in der kommenden Zeit weit mehr Menschen abberufen von dieser Erde, als es in der Vergangenheit, wo ich ihr Leben schonte, der Fall war.

Wenn ihr die Zeichen, die ich euch jetzt vorausgesagt habe, erkennen werdet, dann weint nicht um jene, die ich heimgeholt habe im Auftrag meines Vaters, sondern helft jenen und betet für diese, die verletzt, krank und siech hier bleiben müssen, denn sie haben noch nicht die Reinheit des Herzens, die mein Vater fordert. Weinet also nicht, ihr Geliebten meines Vaters, sondern betet für diejenigen, die noch nicht reif sind, heimkehren zu dürfen in das Lichtermeer der jenseitigen Welt.

Und so segne ich euch, ihr Geliebten meines Vaters, die Kerzen und das Wasser, die Schwingung des Herzens und der Liebe. Bleibet mir getreu und eingedenk dessen, was ich euch sagte: Liebet einander, so wie ich euch liebe! Vor mir braucht ihr keine Angst zu haben, ihr seid Geliebte meines Vaters, in dessen Auftrag ich die Ordnung auf dieser Erde in Seinem Willen und Gesetz erfülle.

Gott stütze euch, Gott schütze euch, Gott liebt euch!

Habet Mut und Vertrauen in die Zukunft!

Es kann nur besser werden in euch, wenn ihr mir die Treue haltet.

Der Segen meines Vaters und mein Segen bleibe bei euch!

In Zukunft werde ich mich um die Menschheit gemäß dem Auftrage meines Vaters in Liebe stärker annehmen.

Es lohnt sich also ganz bestimmt, diese kurze Zeit der Mühsal durchzuhalten und alles zu tun, um sein Seelenkleid zu verbessern und seine Schwingung anzuheben.

Wir sind dabei niemals alleingelassen, sondern werden von den lichten Helfern, der Geisterwelt Gottes, beschützt und geführt, wenn wir sie um ihre Hilfe bitten.

Doch eins weiß ich ganz sicher, das wird mir ganz sonnenklar:
Die Mühe der geist'gen Geschwister zwar nicht vergebens sie war,
doch wenn wir nicht selbst es erfassen, dann bringt es uns Menschen nicht viel.
Wir wollen es endlich erkennen, das wahre, das geistige Ziel:
Zurückzukehren zum Vater, zwar ist der Weg noch weit,
er führt über Steine und Klippen, doch in die Glückseligkeit.
Des Menschen Worte sind dürftig, nur spärlich geben sie kund,
wie dankbar bin ich dem Schöpfer, aus tiefstem Herzensgrund.
Oh' göttlicher Vater, du großer, wir loben und preisen Dich,
laß' nimmer mehr entfernen von Deiner Liebe mich!
Gib' uns die Kraft zu bestehen in dieser schweren Zeit
gegen die Ränke und Tücken der Mächte der Dunkelheit.
Wir wollen fest uns verbinden in Liebe und Einigkeit,
damit wir dann dürfen verkünden vom Siege am Ende der Zeit.

Literaturhinweise:

Gisela Weidner
"Laurentius, Schritte der Tat zur Entwicklung"
"Offenbarung bis zur Wiederkehr Jesu Christi"
"Erkenne dich selbst"
"Die Gesetze Gottes"
"Der Weg zur Gesundheit"
"Die Nachfolge Christi"
"Zukünftige Ereignisse auf Erden aus geistiger Sicht"
"Woher - wozu - wohin"
"Zukunftsweisende Berichte aus der jenseitigen Welt"
"Mutter Maria"
"Astralreisen"
"Die Geisteskräfte des Menschen"
H. Malik "Baumeister seiner Welt"
Michael Hesemann "Die Kontakte"